航天快响发射指挥控制技术导论

吴 枫 刘 鹰 王 佳 著

北京航空航天大学出版社

内 容 简 介

本书力求从工程实践中总结提炼出设计航天快响指挥控制体系、打通指挥控制链路、构建指挥信息系统的方法思路。本书共分 6 章：第 1 章介绍了航天快响发射指挥控制的使命任务、指导思想和基本原则；第 2 章介绍了天基成像观测、天基侦察增强模式、快响发射需求分析；第 3 章介绍了航天快响发射体系、指挥体系和指挥控制模式；第 4 章介绍了航天快响发射数据链，以及装备适应性设计；第 5 章介绍了航天快响发射指挥信息系统的总体能力、总体方案、硬件方案、软件方案、业务模型、数据保障和支撑工具；第 6 章介绍了航天快响发射指挥信息系统自主可控技术要求与方案。

本书适用于从事航天快响发射指挥控制领域的技术人员和指挥人员。

图书在版编目(CIP)数据

航天快响发射指挥控制技术导论 / 吴枫，刘鹰，王佳著. -- 北京 ：北京航空航天大学出版社，2023.5

ISBN 978-7-5124-4099-9

Ⅰ. ①航… Ⅱ. ①吴… ②刘… ③王… Ⅲ. ①航天器发射—指挥控制 Ⅳ. ①V55

中国国家版本馆 CIP 数据核字(2023)第 084997 号

航天快响发射指挥控制技术导论

吴 枫 刘 鹰 王 佳 著

策划编辑 刘 扬 责任编辑 于 洋

*

北京航空航天大学出版社出版发行

北京市海淀区学院路 37 号(邮编 100191) http://www.buaapress.com.cn

发行部电话：(010)82317024 传真：(010)82328026

读者信箱：qdpress@buaacm.com 邮购电话：(010)82316936

北京九州迅驰传媒文化有限公司印装 各地书店经销

*

开本：710×1 000 1/16 印张：10 字数：153 千字

2023 年 5 月第 1 版 2023 年 5 月第 1 次印刷

ISBN 978-7-5124-4099-9 定价：59.00 元

若本书有倒页、脱页、缺页等印装质量问题，请与本社发行部联系调换。联系电话：(010)82317024

编 委 会

前　言

在我国航天事业迅猛发展的当下，如何着眼未来空间任务的需要，加速航天快响发射体系建设，成为新形势下航天发射力量发展面临的重大现实问题。与平时发射任务有相对明确的时间、空间约束不同，航天快响发射的多场区、多系统的联合实施扩展了任务的空间维度，装备长贮管理、多任务连续实施也大幅延展了任务的时间维度。因此，为确保更分散、更多元航天快响发射力量体系的精确应用，必须发展与之相适应的指挥控制手段，系统梳理指挥控制的核心要素、基本流程、应用场景、应用模式等，顶层设计指挥信息系统总体技术框架，延伸打通与发射平台、传感系统的指挥控制链路，实现以任务为中心，跨地域、跨层级联合指挥决策与计划，以及网络化力量控制，从而为统筹运用航天发射、航天测控、卫星通信多领域力量，陆基、海基多类型发射平台等任务资源联合实施航天快响发射行动提供支撑。

作者多年从事航天快响发射指挥控制总体设计、关键技术研究工作，有着丰富的工程实践经验。本书力求从工程实践中总结提炼出设计指挥控制体系、打通指挥控制链路、构建指挥信息系统的方法思路，以对从事该领域的技术人员和指挥人员起到一定参考作用。

本书共分6章。第1章介绍了航天快响发射指挥控制的使命任务、指导思想和基本原则；第2章介绍了天基成像观测、天基观测增强模式、快响发射需求分析；第3章介绍了航天快响发射体系、指挥体系和指挥控制模式；第4章介绍了航天快响发射数据链，以及装备适应性设计；第5章介绍了航天快响发射指挥信息系统的总体能力、总体方案、硬件方案、软件方案、业务模型、数据保障和支撑工具；第6章介绍了航天快响发射指挥信息系统自主可控技术要求与方案。

由于我们的学识和能力有限，不当之处在所难免，敬请读者批评指正。

作　者

2023年1月

目 录

第1章　基本概述

1.1　使命任务

航天快响发射是指根据空间快速响应任务要求，通过航天器、运载器的长期贮存、快速测试、快速组装，全箭长距机动、快速转场，及时、安全和可靠地完成空间进入任务的一种航天发射样式。航天快响发射指挥控制是基于共用信息基础设施，支持指挥员及其指挥机关对航天快响发射行动、装备状态等进行掌握和制约，客观上对快速生成方案计划、优化调度发射资源、精确控制任务进程提出更为强烈的需求，其使命任务是保障航天快响发射指挥体系的高效构建与运行，为遂行航天快响发射提供管用、好用的指挥控制手段。它具体包括：

一是开展航天快响发射指挥决策，分析确定星座构型、航天器及轨道，运载器及精确弹道、飞行诸元，发射力量，发射点位，时间窗口等。

二是开展航天快响发射力量控制，有效控制星箭装检、机动行进、测试发射、飞行测控等过程，分析评估任务效果等。

三是开展航天快响发射任务协同，高效构成与卫星通信、航天测控、型号技术、海上保障、残骸搜索等力量间的协同关系。

1.2　指导思想

按照“成体系、通链路、强能力、推自主”的总体思路，构建与航天快响发射体系发展相适应的指挥体系和网络信息体系，形成航天快响发射指挥控制模式，围绕典型任务场景，打通纵向贯通指挥机构、平台和末端，横向衔接各任务域和业务域的指挥控制链路，围绕“精细分析型指挥决策、敏捷协同型力量控制”的能力目标，构建航天快响发射指挥信息系统总体框架，健全完善指挥核心业务流程和功能要素等，有效集成支撑工具。

1.3 基本原则

一是按方向成体系，开展系统建设集成。成体系破解跨层级、多领域联动的指挥决策，广域分布、多任务并行的力量控制等重难点问题，聚焦重点方向，以任务流程为主线，打通指挥链路，构建精简高效的指挥控制链条。

二是谋创新促应用，保持未来持续发展。紧密围绕未来航天快响发射协同化、敏捷化发展趋势，促进航天快响发射指挥控制与新兴技术的紧密结合，利用数据链等技术促进多域自组织协同发射能力生成，尤其是跨域分布式协同发射能力高效生成，实现任务要素分散部署，跨域协同聚能增效。

三是建平台融体系，深化核心要素构建。构建“体系先进、标准统一、资源丰富、功能完善、交互方便、服务高效、扩展性好、自主可控”的航天快响发射指挥信息系统基础平台，有效融入联合指挥作业平台，遵循发射场景、发射流程、发射平台、发射规则等要求，强化指挥决策、力量控制等核心功能要素。

第2章 需求分析

2.1 天基成像观测

天基成像观测重点发展宽幅普查、高分辨率详查、宽幅海洋目标监视、高轨道成像监视、应急响应观测等手段，建成由成像普查、成像详查、广域监视、综合观测、应急响应等卫星系统构成的成像观测体系。它具备对全球范围实施全天时全天候目标详查和大范围普查的能力，可对动态目标及重点区域进行近实时跟踪监视，为各级各类用户提供及时准确的天基信息服务。

2.1.1 基本概念

天基成像观测是利用光学或微波成像遥感器从轨道上获取地球表面目标图像信息，提供信息保障。光学成像遥感器主要有可见光相机、红外相机、多光谱相机、高光谱相机、超光谱相机等，微波成像遥感器主要是合成孔径雷达(Synthetic Aperture Radar，SAR)。

根据成像机理，通常分为光学和微波(雷达)卫星；根据数据接收方式，可分为返回型卫星和传输型卫星；根据平台重量和尺寸，可分为大型卫星和小型卫星；根据轨道高度，可分为高轨卫星、中轨卫星和低轨卫星，其中，高轨卫星又可分为大椭圆轨道卫星和地球同步轨道卫星，中、低轨卫星又可分为太阳同步轨道卫星和倾斜轨道卫星；根据分辨率指标，可分为普查卫星和详查卫星。

2.1.2 发展现状

天基成像观测发展呈现以下趋势：

一是成体系成系统建设。世界航天大国或地区(欧洲)都发展了光学和微波成像观测卫星,并致力于将两类卫星成体系建设,成系统组网运行,使其互为补充,充分发挥综合观测效益。

二是多手段多模式发展。光学成像由单一可见光成像向可见光、红外、高光谱、多光谱等多谱段成像方向发展,微波成像由单成像模式向多成像模式、单收发通道向多收发通道、单频段向多频段、单极化 SAR 向多极化 SAR 方向发展,多种手段融合处理、综合应用。

三是多功能高性能并重。空间分辨率、成像幅宽、轨道和姿态机动、目标定位精度和重访时间等性能持续提升,移动目标、海洋目标、隐蔽目标观测等功能逐步发展和增强,成像观测卫星装备体系能力持续提升。

2.1.3 能力需求

根据目标变化特性和观测任务的不同,天基成像观测应具备观测范围广、观测幅宽大、空间分辨率高、时间分辨率高、定位精度高、多谱段多极化、可连续动态监视、快速任务响应等能力特点。受技术水平制约,单个卫星系统往往不能兼顾,可按照成像普查、成像详查、广域监视、综合观测、应急响应等五个方面进行能力需求分析。

1. 高效的成像普查能力

由于全球范围内目标数量众多、类型复杂、分布不均匀,为满足各种任务需求,需要快速对一般、大中型目标实施高效观测,这要求成像卫星具有成像范围广、观测幅宽大、时间分辨率高等普查能力特点。

2. 精细的成像详查能力

为获取不均匀地分布在全球的目标尽可能精确翔实的图像信息,成像卫星需要具有观测范围广、空间分辨率高、定位精度高等详查能力特点。

3. 连续的广域监视能力

需要对特定、大面积区域内的目标实施广域的连续监视,获取态势感知情报,这要求成像卫星具有观测幅宽大、可连续动态监视等广域监视能力特点。

4. 多手段的综合观测能力

需要利用多类、特殊手段对隐蔽、半地下、水下的目标实施观测，这要求成像观测卫星具有观测范围广、观测幅宽大、多谱段、特殊频段等综合观测能力特点。

5. 快速的任务响应能力

需要为非战争军事行动、国民经济建设、反恐维稳、抗灾救灾等突发事件提供观测情报保障和信息支援，这要求成像卫星具有快速任务响应、高时间分辨率等应急响应能力特点。

2.2 天基观测增强模式

必要时需对重点区域缩短重访间隔、增加连续跟踪时间、提升重点目标定位精度。构建四种增强应用模式：①“骨干观测卫星＋微纳电子观测卫星”组合星座，可有效缩短骨干观测卫星系统对重点区域重访间隔、增加每天连续跟踪时间及次数，提升系统时间分辨率；②“骨干观测卫星＋微纳光学成像卫星”组合星座，通过微纳光学成像卫星与骨干观测卫星在轨协同，提升陆地固定目标、海上岛岸固定目标、海上大型慢速目标识别和定位精度；③补充太阳同步短周期回归轨道光学成像微纳卫星星座，实现对重点地区固定目标重复观测能力；④补充多星协同快响观测系统，提供及时、准确的目标指引。

2.2.1 微纳电子观测卫星补充发射

骨干星座负责对重点地区、重点频段和重点目标的宽带、高灵敏度电子观测与定位，保证覆盖特性满足重访间隔、持续覆盖时间两方面要求，但低纬度目标观测重访间隔时间较长。通过快速响应发射，将微纳电子观测卫星补入主节点间，可提升每天连续观测的时间及次数，缩短低纬度目标重访间隔时间。微纳电子观测卫星补网增加连续观测次数如图 2-1 所示。

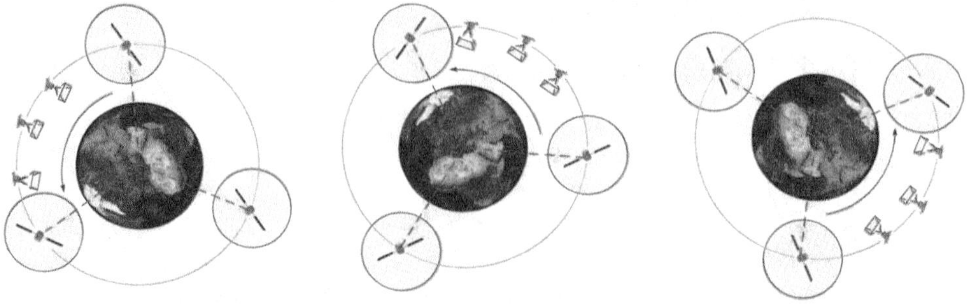

图 2-1　微纳电子观测卫星补网增加连续观测次数

2.2.2　微纳光学观测卫星补充发射

仅通过电子观测手段识别目标，其识别准确度还有待提升。可考虑电子观测卫星系统每颗主节点星后各跟飞微纳光学观测卫星，通过快速响应发射，分别针对左右两侧目标识别，降低姿态机动要求，实现“电子观测搜索＋光学成像识别”，实现重点目标“听得见、看得着”，快速获取电侦目标图像信息，增强电侦目标尤其是未知信号目标的快速识别确认能力。

2.2.3　微纳卫星补充快响星座发射

针对快响卫星系统技术特点，需要储备适量的高分成像观测微纳卫星，适时用于陆上方向的应急增强；应急部署高分光学/SAR 小卫星，应急替代失效详查卫星；一箭发射多星，提升系统应用效能。可采用：① 紧耦合双星编队，即“搜＋SAR”“搜＋光”，在轨道面内等间隔均匀分布，形成对陆海目标的高频次观测能力；② 在每个轨道面相同相位的一组双星后，搭载部署微纳卫星，形成无缝连续观测簇；③ 增加微纳视频卫星跟踪观测。

2.2.4　多星协同快响观测系统补充发射

假设多星协同快响观测系统已稳定在轨运行，突发事件要求进行补强，则如快响小星群中间增配纳星群（光学纳星和电子纳星）或小星群（有源广域搜索小星和微波确认小星），可增加每天连续目标观测窗口的时间、次数，甚至实现全天连续目标观测。多星协同快响观测系统如图 2-2 所示。

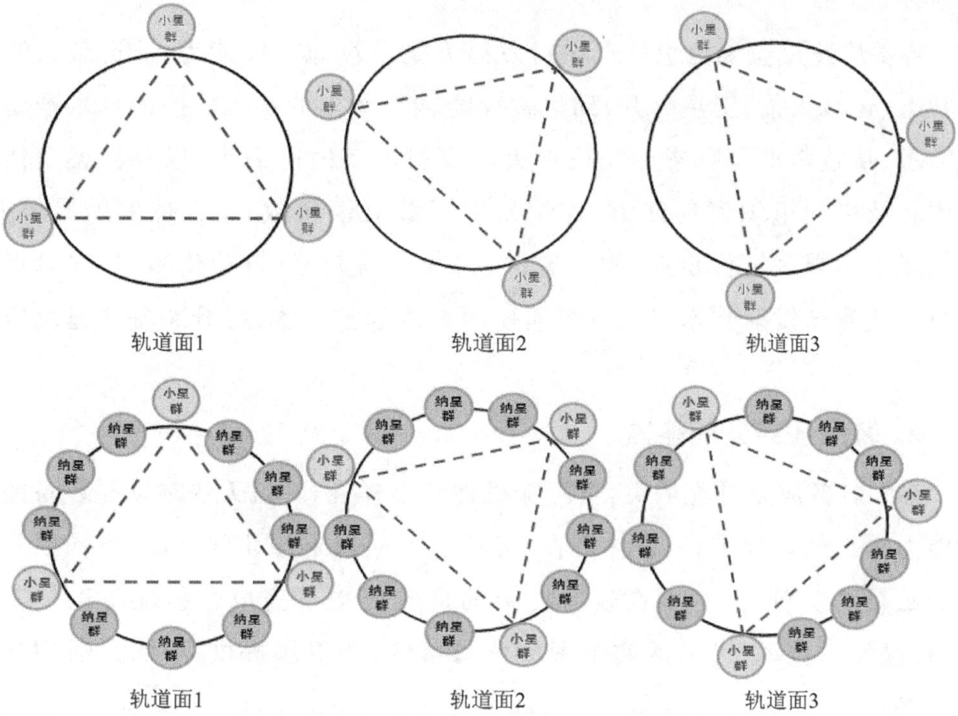

图 2-2 多星协同快响观测系统

2.3 快响发射需求分析

2.3.1 能力需求分析

1. 装备快速反应能力

航天快响发射需具备一定的时效性，需要尽量缩短发射任务响应时间，具体体现在：根据不同的卫星重量、轨道参数等要求，可快速实现弹道、制导、姿态控制等诸元的自动装订；箭上产品和地面设备去任务化，智能化、自动化程度高，可快速完成星箭对接和测试发射工作。运载火箭和卫星平时处于贮存待命状态，定期测试检查，接到发射任务后，快速完成发射诸元自动装订，快速进行星箭对接、转场至预设点位，进行简单的电气和动力检查后，进行加注发射。

装备快速反应能力也体现在对发射方式及场地适应能力、从运载火箭贮存状态（运载火箭、卫星分开）到运载火箭转载上车的状态转换的技术准备时间需求、从技术准备完毕到完成点火的发射准备时间需求，以及在突发情况下中止及再次组织发射能力、连续发射运载火箭次数、全方位发射等方面。需大量采用自主定位定向、水平瞄准、自动开盖起竖、自动化测试、守时点火等自动化测试发射技术以及有线远控和无线远控技术，提升装备快速反应能力水平。

2. 装备任务适应能力

航天装备应急补充的突发性、随机性和多样性，对航天快响发射装备的适应能力提出较高要求，具体体现在：可适应不同轨道倾角和高度、不同卫星重量和数量的发射需求；可在较为复杂的自然环境下完成发射准备工作及发射，提高发射概率；可灵活调整子级残骸落区；为卫星提供标准化、通用化的星箭接口，利于运载火箭和卫星去任务化设计，利于星箭快速对接；为卫星提供较好的环境条件，可为卫星在整流罩内运输和发射准备过程中，通过采取温度保障措施实现环境保障温度，从而可根据不同的突发情况发射不同类型的卫星；在特殊情况下可推迟发射或取消发射，灵活适应形势变化。

装备贮存环境适应能力、发射环境适应能力、长距离机动运输能力、常用交通设施通过能力，以及运载火箭系统在正常操作情况下的贮存、转载、运输、检查、测试、分解、装配、维修及发射准备过程中保证人身和设备安全等也能反映装备任务适应能力水平。快速发射运载火箭装备在特定条件下还需考虑具备一定的生存能力。

机动形式包括场内到预设点位机动、公路机动、铁路机动、空中机动、海上机动。

2.3.2 装备需求分析

1. 运载火箭

不同类型发动机对比分析如表 2-1 所列。

表 2-1 不同类型发动机对比分析

项目	特点	响应时效	适用范围	保障要求	安全性	经济性	环境条件	环保情况
液煤发动机	推力大,比冲高,对运载能力贡献大	射前加注,响应较慢	基础级,上面级	射前操作多	高	发动机成本高,推进剂成本低	好	无毒无污染
常规发动机	方案成熟,推力大,比冲小,性能对运载能力贡献小	射前加注,响应较慢	基础级	使用维护简单	高	发动机成本低,推进剂成本高	好	有毒有污染
固体发动机	推力大,较液体运载火箭比冲小,工作时间短,关机时间无法控制,入轨精度差,能力小	无须加注,测试简单	基础级	使用维护简单,需要保证固体推进剂的温度	低	自带推进剂,成本低	差	无毒有污染
氢氧发动机	推力中等,比冲最高,作为上面级可大幅提高高轨运载能力	射前加注,响应较慢	上面级	使用维护复杂	低	发动机成本高,推进剂成本高	好	无毒无污染

液体运载火箭虽具备一定的快速响应能力,可作为航天快响发射装备的一种选择,但其多采用塔架发射,不具备机动能力。发动机推进剂种类主要包括固体推进剂与液体推进剂,液体推进剂又按照日常贮存温度划分为常温液体推进剂和低温液体推进剂。

与液体推进剂运载火箭相比,固体推进剂运载火箭测试工作少,测发周期短,但受固体药柱自身特点限制,一般推力大、比冲小,工作时间短,关机无法精确控制,入轨精度差,运载能力一般较小,提供给卫星的过载等环境条件较差,对环境温度保障要求高,生产、运输、贮存、使用按火工品管理,存在安全性、环境污染等问题。液体推进剂运载火箭则具备运载能力大、入轨精度高、卫星环境条件好;射前需要进行推进剂加注,测发速度较固体运载火箭慢;推进剂和箭体分开贮存,贮存年限相对较长;发动机可多次起动,满足高轨道、异轨部署、星座组网等特殊轨道要求,可重复使用等特点。

与低温推进剂液体运载火箭相比,常温推进剂液体运载火箭发动机比冲低，射前操作简单，推进剂生产、运输、保管成本高，有毒有污染，存在安全性和环境污染问题，使用维护复杂。

因推力大、结构简单等优点，固体运载火箭一直以来都是航天运输体系的重要方向之一。固体运载火箭能够实现对发射场的无依托或较少依托发射，具备执行应急任务的先天优势。

2. 发射平台

现有运载火箭的机动模式包括机动发射和移动发射。机动发射包括车载机动、机载发射、海基发射，移动发射一般为移动平台发射。

车载机动方式适用于小型固体运载火箭，具有良好的生存能力和快速响应能力。

机载发射适用于小型运载火箭，具有机动范围大、响应速度快、可重复使用等显著优势，可以大幅提升航天发射的灵活性和时效性，满足快速响应要求。

海基发射可满足低倾角轨道卫星的快速发射需求，与陆基发射相比，具有更高的安全性、灵活性、快速性，可采取机动发射方式，灵活选择发射点和射向，以保证海上发射区、附近的安全区和运载火箭子级残骸落区均位于海上，有效降低发射造成的风险损失。

移动平台发射适用于中大型固体运载火箭和液体运载火箭，具有一定的快速发射能力，能在发射场有限范围内移动，但移动能力有限，需要依托发射场条件保障。

综上所述，机动发射方式具有良好的快速响应能力，能满足小型载荷快速进入空间需求，但对运载火箭的适应性较低，运载火箭的运载能力受限。移动发射方式虽然在生存能力和航天快响发射能力方面有所欠缺，但可适应中大型运载火箭，满足中大型载荷的快速进入空间需求。不同发射平台对比分析如表 2－2 所列。

3. 发射方式

现有运载火箭的常用测发模式包括“三平一竖”“两平一垂”“三垂”。“三平一竖”即水平总装、水平测试、水平运输和整体起竖；“两平一垂”即水平测试、水平运输和垂直吊装;“三垂”即垂直总装、垂直测试、垂直整体运输。

表 2-2　不同发射平台对比分析

项　目			运载能力	响应时效	适用范围	保障要求	测发环境	经济性	成熟度
陆基	场内	场内简易发射	规模大，运载能力大	天级	大中小型运载火箭	低	较好	高	高
陆基	场内	塔架发射	规模大，运载能力大	月级	各型运载火箭	高	好	一般	高
陆基	场外	公路机动发射	规模小，运载能力小	小时级	小型运载火箭	低	一般	一般	低
陆基	场外	铁路机动发射	规模小，运载能力小	小时级	小型运载火箭	低	一般	一般	低
海基		海上发射	规模大，运载能力大	周级	大中小型运载火箭	高	一般	较高	低
空基		空基发射	规模小，运载能力小	小时级	小型运载火箭	低	一般	一般	低

“两平一垂”“三垂”测发模式一般应用于固定塔架发射运载火箭，是传统航天发射任务最常用的两种测发模式。这两种测发模式发射周期长，对发射场依赖程度高，生存能力差，难以满足航天快响发射对快速响应能力和生存能力的要求。

“三平一竖”测发模式一般应用于车载机动发射和移动发射。这种方式借鉴了导弹武器的测发模式，具有流程简单、响应速度快、对发射场的依赖性较低等优点。不同测发模式对比分析如表 2-3 所列。

表 2-3　不同测发模式对比分析

项　目	响应时效	适用范围	保障要求	经济性	发射区占用时间
三平	最快	中小型运载火箭	低	高	短
三垂	较快	大中型运载火箭	高	差	短
两平一垂	慢	大中小型运载火箭	较高	一般	长

固体运载火箭发射方式一般包括冷发射和热发射。冷发射在发射过程

中损耗发射筒，热发射在发射过程中损耗发射台。综合比较，热发射方式无弹射冲击过载，发射台损耗成本较低，发射后状态容易恢复，但运载火箭在转场运输、起竖待发状态下容易受到自然环境影响，发动机火焰对地面冲刷较大。

第3章　成体系

3.1　航天快响发射体系

3.1.1　任务场景

利用小型固体或液体运载火箭，按照快速制定的任务方案，以公路机动发射为主要样式，海基、空基发射等其他发射方式为补充，及时高效将小型航天器送入轨道，具体包括四类任务（任务一：一个轨道面一组航天器的应急补网、组网；任务二：一个轨道面两组及以上航天器，有或无相位约束的应急补网、组网发射；任务三：不同轨道面两组及以上航天器，有或无相位约束的应急补网、组网发射；任务四：不同轨道面中大型航天器的航天快响发射）。

针对上述四类任务，按照平时状态、紧急状态和现实紧迫威胁三种情况，通过发射区域、发射点位、发射平台和机动方式四类任务要素，可进一步划分任务场景。

考虑航天快响发射的主要方式为场内快速、公路机动发射和海基发射，主要任务场景如下：

单一轨道任务的快速发射。按照轨道要求和发射窗口规划，两套发射平台在技术区并行准备，一套发射平台在发射区待机发射，一套发射平台做好向发射区转进准备。

单一轨道任务的主备发射，确保成功发射和实现入轨后快速投入使用。按照轨道要求和预定发射窗口，出动两套发射平台、临圈两次、发一备一，完成发射任务。

多个轨道任务的机动发射。综合采用公路机动、铁路机动、空基机动以及海基机动方式前出至附近的小倾角轨道发射区和太阳同步轨道发射区域，根据预定发射窗口，实施多区域、多平台联合发射任务。

3.1.2 总体能力

1. 发射总体能力

(1) 分级响应能力

为更好地适应不同任务要求，需基于快响航天器、运载器的技术能力，不同发射平台的机动能力和不同的装备状态等，构建不同级别的快响能力。

(2) 多场联动能力

综合响应时限、发射条件、发射能力等因素，通过发射点位的有序衔接、多区域的整体联动和跨区域的有机协同高效完成任务。

(3) 高效指控能力

实现基于任务态势、信息网络的任务指挥和行动，从而实现航天快响发射需求实时感知、力量配置多元一体、节点运转动态透明、测试发射可靠高效。

(4) 快速测试能力

做好快响航天器、运载火箭的贮存、总装、测试和加注流程的简化优化，研制通用化、集成化和智能化的地面设备，实现多型快响航天器、快响运载火箭的通用化快速测试。

(5) 集约保障能力

为避免地面设备功能分散、自成一体，导致机动规模大、机动能力差等问题，必须实行集成设计、集约保障，机动发射时充分依托天基测控，其他地面装备也实现标准化、通用化设计，实现一车多能、灵活配置。

2. 主要装备能力

(1) 运载装备能力

运载能力。能力指标包括：液体运载火箭近地轨道运载能力、太阳同步轨道运载能力，可适配整流罩直径大小；固体运载火箭近地轨道运载能力梯度分布、太阳同步轨道运载能力梯度分布，可适配整流罩直径梯度分布等。

快速响应。响应时间包括:从接到任务到完成技术准备的时间、机动转进时间、发射区准备时间等。

多基发射。运载火箭应适应陆基固定发射(公路、铁路)、空基发射、海基发射等多基发射要求,具备陆基长距离机动发射能力、海基高盐高湿环境动态发射能力、空基高空高速发射能力以及集装箱式新型发射能力等。

发射测试。运载火箭应简化测试流程,精简测发操作岗位,降低点位保障要求,减少单台运载装备岗位操作人员数量。

任务适应性。运载火箭在技术路线上应形成固、液冗余备份,实现能力衔接、可靠备份的任务能力,支持空间系统快速组网、补网、重构。

(2) 测试发射装备能力

长贮监测检测能力。长贮监测检测装备需具备开展不同时间间隔的连续监测、定期检测、质量抽检与状态评估能力。

总装测试加注能力。总装测试加注需具备快速总装、快速测试和快速加注能力,适应技术区相对封闭和有限的保障条件。

发射支持能力。发射支持装备需具备运载火箭测试发射控制能力和运载火箭贮存、运输、起竖和发射支持能力;需具备通用化、一体化测试发控能力,简化测试流程,缩短测试时间;需具备集成测试能力,满足不同测试层级需求,减少设备种类,降低设备规模;需具备全流程自动测试、实时自动判读以及自动故障定位能力,提高测试效率;需具备标准化的硬件接口、软件协议和信息传输接口,实现测试信息的一体化应用;需具备适应不同发射方式和发射环境的支持能力,满足火箭运输贮存、测试发射需求。

(3) 指控通信装备能力

加快形成航天快响发射基于网络信息体系的发射指挥控制能力建设,实现对航天快响发射相关的各类业务系统、发射平台与发射资源的高效指挥,提高联合发射指挥控制与行动协同效能。

3.1.3 装备组成

根据发射需求和力量特点,航天快响发射的装备体系由主要装备、保障装备和配属装备组成；主要装备包括空间运输、测试发射、测量控制、指控通信等4型装备，保障装备包括任务保障、后勤保障、训练保障等3型装备，配属装备主要指航天器1型装备。

1. 主要装备

(1) 空间运输装备

以近地轨道为主，小型运载火箭将以固体或液体发动机为基础构建，主要包括机载空射型运载火箭、公路机动发射小型固体运载火箭、场内简易点位发射小型液体运载火箭3型装备。

(2) 测试发射装备

测试发射装备具体包括长贮监测检测装备、总装测试加注装备、测试发控装备和发射支持装备。

长贮监测检测装备：由于航天快响发射任务的突然性和强时效性，无法按照平时发射方式进行产品出厂、进场和测试、发射，需要进行快响航天器、快响运载器的预有贮存，并持续保持其任务可用性。为此，将充分利用先进总线测试技术、物联网技术、大数据技术和一体化远程测试支持等技术，研制长贮监测检测装备，支持开展不同时间间隔的连续监测、定期检测、质量抽检与状态评估。

总装测试加注装备：功能基本同目前卫星、运载火箭总装和测试与加注的地面设备一致，将主要开展集成化、通用化和智能化设计，提高设备的安全可靠性，支持快速总装、快速测试和快速加注。

测试发控装备、发射支持装备：① 地面测发控制装备实行一体化设计，采用前后端、小型化、方舱式装备，主要包括前端电气方舱、前端动力方舱，后端电气方舱、后端动力方舱和测量车等，发射支持装备主要包括全箭运输车、起竖架、对接翻转装置、加注供气设备、起吊设备和简易发射台等；② 遵循“一箭一车”原则，将测试发控装备与发射支持装备进行集成，并根据不同机动发射方式和发射环境进行相应研制。

(3) 测量控制装备

航天快响发射任务的陆基机动测量控制采用“地基机动＋天基”模式实现

全程测量控制。点火起飞段，由地基机动测量控制单元完成点火起飞段的测量，依靠箭上自主进行安控。平稳飞行至入轨段，在地基机动测量控制单元不具备布设条件的情况下，利用中继卫星系统或通信卫星信道实现天基测控，完成航区测量和入轨段测量；在地基机动测量控制单元具备布设条件的情况下，考虑响应要求和机动时间，综合"地基机动＋天基"方式共同完成航区测量和入轨段测量。

空基、海基发射，在空基、海基平台上配置测量控制单元，或调用测量控制飞机、测量船完成点火起飞段的测量与安全控制，航区至入轨段的测量则主要依托天基方式，利用中继卫星系统或通信卫星信道实现。

(4) 指控通信装备

硬件方面，按需配备计算存储、安全保密、指挥调度、综合运维、显示控制、通信网络、信息服务平台等设备和系统。各级系统之间通过光纤、卫星通信、数据链、长(超)短波、北斗短报文等多种通信方式冗余互联，海基发射任务主要考虑多种无线通信手段(包括各型通信卫星、长波等)，空基发射任务可利用数据链实现信息交互。

软件方面，主要包括态势综合、指挥决策、力量控制和综合保障等，能够辅助指挥机构组织实施各类指挥业务，根据各级指挥所职能，具备按需在线下载、自动安装部署能力。其中，态势综合方面，具备情况信息引接、态势信息组织、态势处理显示、态势分发共享等能力。

指挥决策方面，具备筹划工作管理、异地协同筹划、方案优选评估、任务指令生成等能力。

力量控制方面，具备进程监控、临机告警/调控等能力。

2. 保障装备

保障装备具体包括任务保障装备、后勤保障装备等。

(1) 任务保障装备

任务保障装备具体包括电磁环境监测装备、机动气象保障装备和现场维修维护装备等。

电磁环境监测装备：用于对发射区域周边的电磁环境进行实时监测，具备对周边电磁信号频率、强度和方向的分析判断能力，防止干扰信号对场外机动发射任务造成不利影响。

机动气象保障装备：配置机动气象综合保障车、车载多普勒天气雷达等，实现气象资料移动探测、接收、处理和显示，能够通过保密通信方式和首区进行天气会商。

现场维修维护装备：支持开展主要装备、保障装备现场的维修维护，包括装备现场 IETM 设备、远程维修支持设备和一般维修维护用标准化的机电仪器设备等。

(2) 后勤保障装备

后勤保障装备具体包括野外水电油保障装备、卫勤生活保障装备。按照任务需要和通装方式相应配置野外后勤和野营装备，提供无依托条件下的供水、供电、供油和卫生、生活等保障，比如野外加油车、野外供水车、野外发电车、野外炊事车、医疗救护车等；空基发射依托起降机场保障，铁路机动发射需要空调发电车、生活保障车，海基发射需要指控测量船提供相关保障。

3. 配属装备

从发射角度看，与航天快响发射力量存在铰链的环节是快响航天器的长贮、快速测试与发射。因此，可将快响航天器及其总装测试加注设备作为航天快响发射装备体系的配属设备。

从发射力量角度看，对快响航天器及总装测试加注设备的主要使用要求是：数字化设计、制造与存储；星箭接口、星地接口标准化、集束化、无缆化，临射状态设置一键化，卫星总装测试加注设备的通用化、快速化。

3.1.4 总体流程

1. 组织程序

航天快响发射需求一般由指挥中心统筹各领域具体需求，提出航天快响发射具体方案并请示，由发射主管部门根据任务紧急程度，确定发射时机，由发射实施部门负责执行航天快响发射。针对航天器进入空间发射需求，主要工作内容有：明确发射需求；完成装备选型或应急采购运载器、航天器系统；

开展采购运载器的弹道规划、测试装配等技术保障工作；开展航天器的测试装配、组装对接等技术保障工作；实施航天快响发射。

发射主管部门牵头成立快速响应组，领导快速响应工作。快速响应组成员单位包括发射需求部门、发射实施部门、火箭系统研制生产单位、航天器系统研制生产单位等。其中发射主管部门担任快速响应组组长单位。相关地方单位主要实施技术保障，由各型号装备的技术人员组成。在应急状态下，技术保障人员根据任务需要编入弹道规划、测试装配等岗位中，在发射实施部门的统一指挥下协同完成航天快响发射任务。

2. 组织职能

(1) 发射主管部门

负责向发射实施部门下达任务；负责受理发射需求，统筹规划快速响应工作，并及时下达发射实施部门，协调解决任务执行过程中存在的问题；负责审批发射实施部门应急采购火箭系统需求，发射需求部门应急采购航天器系统需求；负责与相关地方单位签订应急采购合同，支付相关费用。

(2) 发射需求部门

在发射主管部门指挥下，及时响应发射需求；提出航天器系统采购需求；接收应急采购的航天器系统。

(3) 发射实施部门

在发射主管部门指挥下，执行航天快响发射任务指令；提出火箭系统采购需求；接收应急采购的火箭系统，配合发射需求部门接收应急采购的航天器系统；组织实施任务规划、测试装配、机动发射、效果评估等航天快响发射工作。

(4) 火箭系统研制生产单位

及时响应发射主管部门应急采购火箭系统要求，按时完成应急采购火箭系统的生产、总装测试、运输与交付等工作，提供技术支持，配合发射实施部门完成火箭弹道规划、诸元计算、测试装配、机动转进等工作，协同完成航天快响发射任务。

(5) 航天器系统研制生产单位

及时响应发射主管部门应急采购需求，按时完成应急采购航天器系统的生产、总装测试、运输与交付等工作，提供技术支持，配合发射实施部门完成航天器组装、测试对接等工作，协同完成航天快响发射任务。

3. 任务流程

航天快响发射任务流程总体可分为任务筹划、任务准备及实施、任务结束三个阶段。

(1) 任务筹划

启动指挥信息系统，统计分析装备和人员当前情况，以及影响发射任务需要进行协调的情况，比如其他非航天快响发射任务计划，进而根据任务进行情况综判、任务规划。

1）情况综判

接收综合态势信息，对可能采取的发射任务进行初步预测和评估，结合以往同型号、类似功能装备以及相关预案，进行发射任务推演，分析识别完成想定任务的关键因素和关键行动。

2）任务规划

在情况综判的基础上，根据明确的发射意图和发射目标，定下发射决心，拟制任务方案，从而明确卫星轨道、火箭弹道、发射点位、时间窗口、发射分队、发射平台、发射计划、协同计划、保障计划等。

(2) 任务准备及实施

主要完成任务准备、机动转进、任务展开、任务实施、任务撤收和机动返回等相关阶段工作。

1）任务准备

完成运载器和航天器的快速集成测试等技术准备工作，确认具备出库条件；发射平台接装完成、待命转进；完成各项指挥保障、装备保障和后勤保障等资源筹措，完成发射点位的恢复确认；各级指挥所与发射平台等进行联调；完成运输状态转换、机动车辆检查、机动安全时间窗口分析、机动线路勘查等工作。

2）机动转进

根据安全窗口预报和预定机动方案计划，各发射平台机动转入待机（发射）点位或预设区域待命。

3）任务展开

接到发射指令后，各发射平台进入发射点位，在规定时间内完成装备展开、火箭起竖、加电自检、诸元生成装订等规范行动，待命发射。

4）任务实施

在预定窗口点火发射，并进行任务快评。

5）任务撤收

组织发射平台转入机动运输状态，并进行点位撤收，具备长途机动条件。

6）机动返回

组织人员、装备按照时间要求和预定路线返回。

(3) 任务结束

在任务快评的基础上，要细化开展装备级、场区级的任务效果评估，按计划补充有关主要装备、保障装备等，开展装备的维修维护。

4. 发射特点

从发射流程上，相比日常按计划正常发射的任务，航天快响发射主要有以下特点：

一是装备储存管理。由于航天快响发射任务具有突然性和强时效性，无法按照平时发射方式进行产品出厂、进场和测试、发射，需要在贮存库进行产品的预有贮存并持续保持其任务的可用性。为此，需要制定快响火箭、快响卫星长贮的产品级别、规模，长贮状态和方式，长贮状态监测和定期检测方法，以及任务可用性评价流程等。

二是区域综合管理。就是要将场内发射设施、场外发射点位和其他支援设施进行统一和有区别的管理，将地面行动、空中行动以及海上行动进行统一管理，确保航天快响发射行动空间的完整性和有序性。时间管理要从侧重测试发射阶段转向注重平时的装备长贮管理，任务准备阶段指挥体系构建，设施激活、综合保障和射后恢复等，以及任务快评等。信息管理要从侧重指挥通信信息转向侧重体系运用效能信息，以及自然环境、社会环境和电磁环境等的管理，特别是电磁环境条件将从较为干净和易于控制的环境，转向较为复杂和不易控制的环境。

三是敏捷智能测试。在贮存库接到指令后，需要快速可靠地完成卫星、运载火箭的测试，这就需要敏捷智能测试。其关键是建立一套通用化、标准化和智能化的总装测试设备，适应多类快响运载火箭、航天器，从而实现从平时贮存状态到任务准备、任务实施的快速转换，并能够通过简化实现高效的携行测试和状态设置。

四是可靠快速发射。箭地对接分离要实现自动连接、自动脱落和起飞脱拔，设备小型化、集成化、高可靠和远程控制；定位瞄准要实现发射基准的自主获取、快速标定，水平瞄准、动态补偿等；发射平台与导流装置要实现一体化和耐高温、多次发射不修复；综合勤务保障要实现高效伴随保障、快速故障维修和快速射后恢复等。

3.2 航天快响发射指挥体系

3.2.1 基本要求

航天快响发射指挥体系，是指在航天快响发射范围内，各级、各类指挥节点按照指挥关系构成的有机整体。指挥体系的构建必须遵循航天快响发射的特点规律，适应指挥控制体系的一般要求，并纳入联合指挥体系，与航天快响发射力量同步建设。

1. 遵循航天快响发射指挥规律

航天快响发射紧紧围绕“以天快响”战略，立足在复杂条件下的力量可靠运用，通过多层次的响应速度、多样化的发射平台和多场区的整体联动，为空间利用力量的建设、增强和重构提供可靠保障。航天快响发射指挥必须要按照航天快响发射所独有的特点要求来组织实施。首先，遵循指挥信息化的规律。航天快响发射要求在尽量短的时间内将航天器准确送入指定轨道，受限于时间窗口约束及现有发射能力条件等，缩短指挥决策周期、提高指挥控制效能是必然选择。在航天发射几十年的发展过程中，信息技术得到广泛应用，各种航天器、运载器、发射平台、航天测控设施等的信息化程度不断提高，这为信息化条件下的发射指挥控制精细筹划、精确控制创造了很好的条件。其次，遵循一体联动的规律。航天快响发射具有多型号、多场区、多系统的联合实施，多任务连续实施等特点，需要实现跨层级协调、跨领域协同、跨平台链接的一体联动，确保更分散、更多元力量体系的联合应用。

2. 纳入联合指挥体系

航天快响发射是进入空间的一种新型发射样式，地位作用十分重要，其指挥体系必须纳入联合指挥体系。首先，集中统一指挥的需要。航天快响发射完整闭环包括发射需求分析、发射能力分析、发射任务规划、发射效果分析，只有纳入统一指挥体系并与天基信息保障保持密切互动，才能准确掌握发射意图、确立发射任务、形成方案计划、评估任务效果、调整任务行动等。其次，指挥信息系统互联互通的需要。航天快响发射力量与其他力量之间具有相互协作的关系，例如，在射前需要进行气象、通信保障等最低发射条件分析，在发射过程中需要进行火箭飞行状态跟踪测量分析，因此，各自对应的指挥信息系统之间应该实现互联互通，同时，指挥信息系统与相关业务系统之间也应该实现互联互通，确保任务计划、协同需求、行动结果等能够互相传递。再次，提高建设效益的需要。按照统一技术体制、统一基础平台、统一标准规范、统一接口要求等进行各领域指挥信息系统建设，能够有效避免重复建设、信息孤岛，最大化实现资源整合、复用，突出专用指挥功能，发挥指挥效能，融入联合指挥体系。

3. 适应指挥控制一般要求

航天快响发射指挥体系，作为指挥体系中的一种，与联合指挥体系、其他领域指挥体系相比，具有类似的编成编组、职能定位、指挥功能，符合一般指挥体系的要求。

一是集中统一的要求。航天快响发射需要集中调度各类发射资源，按照统一发射目标、统一方案计划组织指挥任务行动。

二是分层指挥的要求。航天快响发射力量分散，因此需要针对这些力量分别建立相应层级的指挥节点，开展本级任务规划并组织实施任务行动，同时需要建立顶层指挥节点，统筹规划、指挥协调任务行动。

三是持续稳定的需要。航天快响发射只有长期处于值班状态，并在任务期间持续保持对任务行动不间断组织指挥，才能确保紧急状态下的快速响应能力。

3.2.2 指挥架构

按照“联合指挥中心→发射分队→发射平台”逐级指挥。联合指挥中心对发射力量全局进行运筹谋划和掌握控制，明确总体方针、行动原则，决策是否进行发射、在什么时机发射、可用哪些力量发射、需要进行多大规模的发射等问题。具体来讲，在指挥决策上主要是定发射目标、定预期效果、定发射时段；在力量控制上主要是定关键行动节点、下达任务指令。发射分队主要是根据上级决心意图和指示，负责发射任务准备与行动实施的指挥控制。具体来讲，在指挥决策上主要是筹划单发火箭发射能力、力量编组、窗口时间、任务准备重要时间节点和行动协同事项；在力量控制上主要是依令细化行动节点，掌控发射行动，组织处置突发情况。发射平台通过指控系统交换指令、数据、参数等信息，按照任务指令实施火箭测试发射。

任务过程中根据指挥机构编组开设、发射任务复杂程度等实际情况，部分指挥职能有可能存在“上移”“下放”，职能“上移”的程度由担负该指挥职能的上一级指挥机构确定，职能“下移”的程度由担负该指挥职能的指挥机构确定。

特殊情况下，可按照“联合指挥中心→发射平台”越级指挥。越级指挥的情况通常出现在任务实施阶段。目的是在高优先级可靠发射、大规模广域分布联合发射任务中，在出现任务异常情况下，为确保剩余时间窗口内备份发射任务指令快速决策生成、多场区联合组\补网发射策略临机快速调整，联合指挥中心能够直接指挥控制发射平台，缩短指挥链条，减少指挥决策环节，实现快速响应。

3.2.3 指挥协同

航天快响发射指挥中枢是联合指挥中心，指挥航天快响发射、卫星通信、航天测控等力量共同执行航天快响发射任务，其中，卫星通信、航天测控分别为航天快响发射提供中继保障、测量控制保障等。联合指挥中心与航天快响发射、卫星通信、航天测控力量之间需要建立指挥关系，并依托指挥信息系统实现网络通、文电通、视频通、话音通、数据通、态势通，传递指挥指令、方案计划、任务状态、协同需求、协同任务、支援保障信息等。航天快响发射与卫星通信、航天测控力量之间需要建立协同关系，并依托指挥信息系统实现网络通、数据通，传递航区气象预报、弹道、状态、星箭分离、初轨数据信息等。航天快响发射力量内部，即发射分队、发射平台之间需要建立指挥关系，并实现网络通、文电通、视频通、话音通、数据通，传递指挥指令、方案计划、任务状态信息、飞行诸元等。

联合指挥中心需要与型号技术、海上保障等力量建立协同关系，并实现网络通、文电通、视频通、话音通、数据通，传递技术保障需求、海上保障需求等信息。航天快响发射力量需要与型号技术、海上保障、残骸搜索等力量建立协同关系，并实现态势引接、数据融合、资源调度、信息通联，传递技术保障、海上保障、落区勘察、群众安全防护等保障需求、信息等。

3.2.4 指挥流程

1. 总体流程

(1) 对地观测快响发射任务

在遂行对地观测快响发射任务时，由于态势瞬息万变，具体热点区域不好准确预判，所以需要进行任务方案临机调整和拟制。平时，拟制任务预案，筹划星座构型预案、火箭发射预案；遂行任务时，基于星座构型预案和火箭发射预案，快速修订制定发射计划、行动计划及测试计划，经批准后依令实施发射准备。下发任务计划后，发射平台出库后转场；下达任务指令后，发射平台按照行动计划进入发射点位，执行发射流程，实施快响发射。

(2) 通信保底快响发射任务

在遂行通信保底快响发射任务时，对时间的要求较对地观测快响发射更紧迫，且通信保底重点区域一般是确定的，所以在遂行通信保底快响发射任务时，可以直接匹配预案进行任务方案拟制。平时，根据通信保底需要，明确值班任务。根据通信保底任务的范围、通信质量要求等，拟制任务方案。方案经审批后，制定测试计划、值班计划、行动计划。计划经审批后，按计划进行测试升级、星箭对接等值班准备工作，进入值班状态。遂行任务时，根据通信保底快响发射任务，快速匹配任务预案，并结合值班状态，规划任务计划和行动计划，下达行动指令后，依令遂行发射任务。下发任务计划后，发射平台出库后转场；下达任务指令后，发射平台按照行动计划进入发射点位，执行发射流程，实施快响发射。

2. 按阶段分层级指挥流程

航天快响发射指挥流程如图 3-1 所示。

(1) 领受任务阶段

第一步：联合指挥中心下达预先指令、通报相关情况、做出行动指示。

第二步：发射分队领受预先指令，开设本级指挥所，上报人员与准备情况。

(2) 组织筹划阶段

第三步：联合指挥中心领会任务意图、研提发射需求。

第四步：联合指挥中心组织情况综判、任务规划。

第五步：联合指挥中心组织任务规划，开展任务分析、制定方案、拟制计划、计划仿真推演等，提供数据保障。发射分队开展本级筹划、任务前期准备。

第六步：联合指挥中心汇总情况，研提决心建议。

第七步：定下决心并上报指挥员审批。

第八步：组织协同保障，发射分队围绕航天快响发射协同需求，梳理形成协同要点及计划，参加协同会，汇报协同建议，组织开展本级协同工作；联合指挥中心召开协同会，下发协同要点。

第九步：研究行动方案，明确火箭型号、卫星载荷、发射点位、发射窗口、测

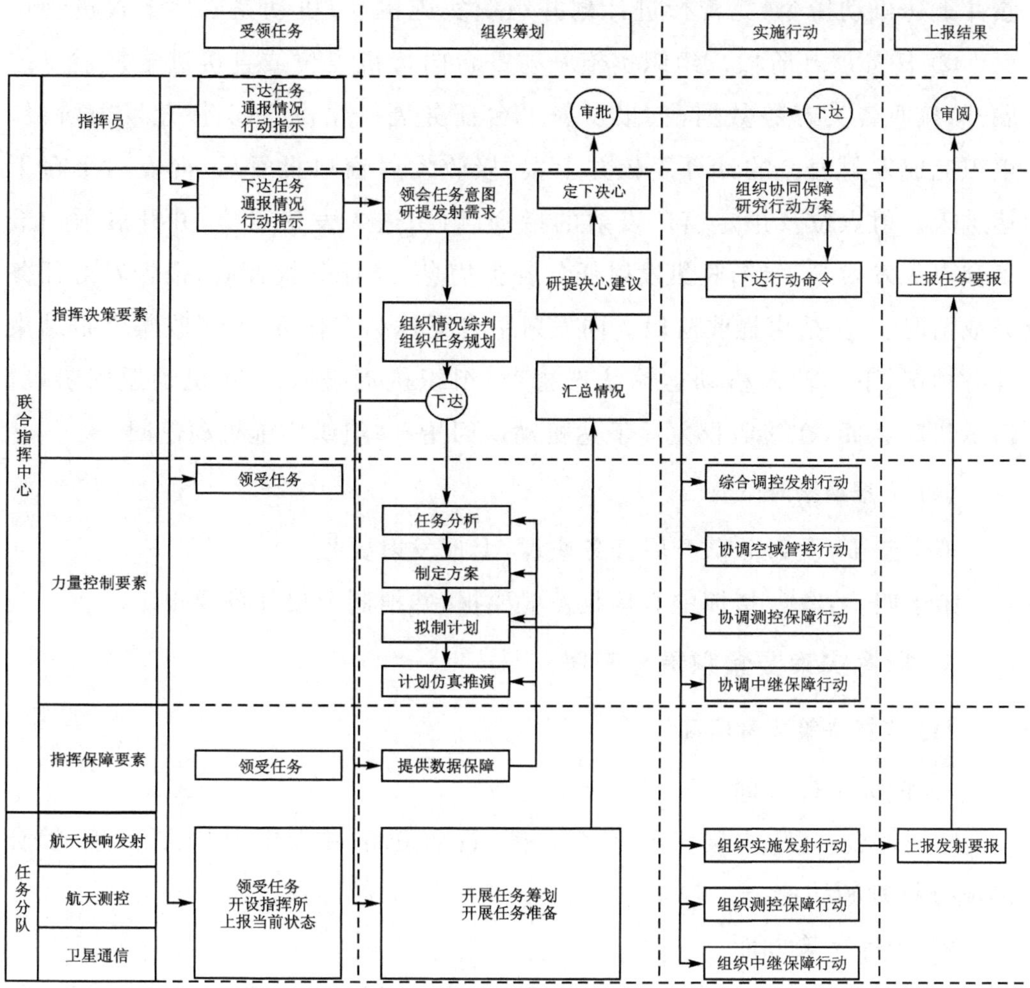

图 3-1　航天快响发射指挥流程

控通信等事项。

第十步：根据任务筹划情况，拟制下达行动指令。

（3）实施行动阶段

第十一步：联合指挥中心综合调控航天快响发射行动；开展任务空域管理，协调组织净空行动；开展任务测量控制管理，协调组织测量控制行动；开展卫星通信管理，协调组织通信保障行动。

第十二步：组织实施航天快响发射、测量控制保障、通信中继保障行动。发射分队主要开展以下活动：① 机动转进阶段。上报机动准备情况报告；接收并下达机动指令，完善行进计划并组织实施机动；机动完成后上报机动情况。② 任务展开阶段。组织实施发射平台向待机点位或直接进至发射点位展开；接收各类态势数据，上报发射平台任务展开情况。③ 快速发射阶段。组织完成发射窗口的计算复核并上报；接收发射窗口批复后，向发射平台下达进入发射点位及预定窗口发射的指令；组织进入发射点位，并开展射前准备和点火发射等工作；收集发射任务各类信息，经任务快评后，报告发射任务完成情况。④ 结束撤收阶段。向发射平台下达结束任务指令，收集上报结束任务情况，下达转入机动运输状态指令；组织机动撤收。⑤ 机动返回阶段。请示机动返回，在接收批复后下达机动返回指令；组织实施机动返回。

(4) 上报结果阶段

第十三步：发射分队开展任务快评，上报发射要报。

第十四步：联合指挥中心接收发射要报，并拟制上报任务要报。

3. 指挥决策要素职责与流程

(1) 指挥决策要素职责

1）情况掌握方面

掌握综合态势、力量状态、任务部署、行动策略、主要能力、短板弱项，综合形成分析判断结论。

2）指挥决策方面

开展任务筹划，包括理解上级意图、明确发射任务、筹划力量运用、设计任务行动、明确指挥关系、制定发射规则、明确准备要求等，形成多套任务方案。组织多案比对分析会，组织方案推演评估，辅助形成发射决心建议。配合力量控制要素制定临机计划、协助开展力量控制，提出行动调控建议。

3）力量控制方面

组织任务部署、等级转进，牵头组织综合性特情处置等。

4）其他方面

拟制下发任务、批复、通报、综合性指示，以及相关工作安排等，承办流转综合性文书，记录整理任务日志、任务简报、任务要报等。

(2) 指挥决策流程

1）启动筹划

传达任务指示，领会任务意图，分析筹划需求，明确筹划任务、要求和完成时限等，制定筹划工作计划安排，下发各要素和发射分队。各要素根据任务分工，展开筹划准备，其中，指挥决策要素提取方案计划和掌握发射能力现状。

2）判断情况

采取分散与集中等方式全面分析任务意图，就任务准备或者任务实施做出综合情况分析判断，为指挥员研究决策和形成方案计划提供重要支撑。还可围绕重大决策关切，及时提出指挥员关键信息需求，为后续情况搜集整理和分析研判提供指导。

3）理解任务

在判断情况的基础上，根据明确的发射任务，深入分析发射任务、发射目的、力量运用、发射条件等，研究提出任务行动的指导意见。在此阶段，可适时审议确定发射目的、力量运用、预期效果等重大问题。

4）拟制方案

根据理解任务形成的成果，围绕达成发射目的、完成发射任务，对任务进程、力量运用、任务部署、行动策略等进行整体设计，并尽可能提出不同选项，形成多套方案进行评估优选。

5）制订计划

在任务方案的基础上制订细化的任务计划和相关分支计划，将发射决心进一步细化为可执行的任务，并落实到具体的执行单位，明确任务的执行时间、地点、目的、要求、协同关系、保障关系等，消除任务间的冲突。制订的计划是指导遂行发射任务的主要依据。在遂行任务的全过程中，都要根据任务调整、态势变化等情况，及时优化完善任务计划。

4. 力量控制要素职责与流程

(1) 力量控制要素职责

1) 情况掌握方面

掌握综合态势、任务动态和发射实力，搜集分析力量组成、主要能力、短板弱项等内容，提供指挥决策要素。

2) 指挥决策方面

参与任务筹划；针对临机突发情况，提出发射任务、发射目标、任务部署、力量运用、行动策略等调整处置建议，拟制处置计划。

3) 力量控制方面

辅助掌握、调控发射任务行动。牵头组织发射任务特情处置。搜集掌握协同需求，组织发射任务行动协同(包括时域、频域、空域、信息域等协同)。

(2) 力量控制流程

指挥决策要素负责发射指挥控制流程中任务筹划、计划规划环节，主要是确定发射决心、选择发射目标、拟制任务方案；力量控制要素负责发射行动控制、平台控制、协同控制环节，主要是监控任务态势、掌握发射目标变化、修订任务计划、组织任务协同、监控任务行动、评估任务效果。

1) 掌握态势

掌握任务部署、执行情况，自然环境、社会环境和信息环境变化情况。及早发现环境重大变化，分析预测变化对任务部署、任务行动、任务计划以及重要支撑系统运行等的影响。

2) 调控行动

任务协同。提取各类计划中时域、空域、频域以及发射资源支撑需求，提报残骸搜索、空域管制、频谱管制等协同需求，根据任务规则进行冲突消解，形成可执行的协同计划，明确协同主体、内容、时序及相关要求，对口发送各要素、发射分队等。

行动监控。掌握发射任务基本部署情况，生成任务部署图，监控任务计划、协同计划执行情况。

3）情况处置

全面掌握任务态势，分析发射行动与发射目标、发射计划、发射规则等发生或可能发生较大偏离、影响发射任务完成的情况，评估发射行动偏差及其影响，适时启动行动调控，修订发射计划，并推演临机计划。

4）任务评估

主要是评估发射计划执行后，对于确定的发射决心、发射任务及发射目的的实现程度，同时评估指挥作业效率。

发射任务效果评估。① 行动效果评估，综合装备状态、行动情况，评估发射平台行动是否达到预期；② 任务快评分析，收集卫星入轨数据，根据卫星轨道偏差、卫星入轨后工作状态评定发射任务是否成功；③ 体系增强分析，建立天基体系增强效果评估模型，计算重点环节、节点受损后在指定时段、区域的天基体系补强效果；④ 任务效果评估，综合行动效果评估、任务快评分析、体系增强分析计算数据，综合评定结果，建立任务效果综合分析模型，对发射任务、发射目的的实现程度进行综合评定，提出后续行动建议或资源分配优化方案。

指挥作业效能评估。对指挥过程进行的分析与评价，贯穿指挥全程。① 状态监控，按照指挥作业流程，监控各级指挥机构、要素作业状态；② 作业告警，根据指挥作业的标准和要求，实时评估各级指挥作业进展情况，提供黄色和红色状态告警，督促各级各要素作业进程；③ 效能分析，对各级、各要素作业完成时限、内容、质量等进行数据采集与专家评判，开展指挥作业效能分析，并支持复盘总结。

3.3 航天快响发射指挥控制模式

3.3.1 基本定义

航天快响发射指挥控制模式是指为促进航天快响发射形成基于网络信息体系的指挥控制能力，更好地履行天基系统应急增强和补网发射等使命任务，并根据任务要求，按需建立航天快响发射任务网络，将指挥信息系统、传感系统和发射平台，乃至平台搭载的指挥控制系统、测发控制系统、测量控制系统等要素联成一体。要素与要素间按功能及应用要求，自动识别、实时处理和快速响应格式化消息，实现端到端信息互联互通及应用互操作，拓展单个发射平台的态势感知范围、指挥控制效能、行动协同水平，达成航天发射、卫星通信、航天测控的联合应用，解决传统测发指挥监控系统难以适应固体火箭发射对多型号多样式灵活适配指挥、复杂环境下数据链路可靠通联指挥等要求的问题，提升航天快响发射体系快速响应能力。

3.3.2 核心特征

航天快响发射指挥控制模式本质上是将感知、决策、发射各环节联成一体，实时传输处理综合态势、任务筹划、计划规划、行动控制、平台控制、协同控制等格式化消息，形成快响发射闭环的网络化指挥信息系统框架，具有敏捷指挥、一体指挥、联合指挥和协同指挥四方面特征。

1. 敏捷指挥

敏捷指挥主要是指通过各级指挥节点与发射平台端到端信息互联互通互操作，并将发射平台上格式化消息与平台系统功能进行深度铰链，形成格式化消息的自动识别、智能处理和快速响应能力，实现指挥信息系统能够直接指挥控制发射平台。发射末端直连与代码指挥控制如图 3－2 所示。

2. 一体指挥

一体指挥主要是指通过任务管理层与特定场景的行动策略紧密耦合，与特定任务样式的装备运用密切相关，与特定发射平台的控制系统有机铰链，指挥应用层构建标准化消息格式、一致化消息视图、一体化消息流程，实现指挥信息系统能够指挥各类型任务场景、任务样式和发射平台。指挥业务流程通用化、标准化如图 3－3 所示。

3. 联合指挥

联合指挥是通过随遇接入机制将指挥节点、业务节点和机动平台节点动态连接起来，利用格式化消息按需实现各节点任务系统的深度铰链，形成任

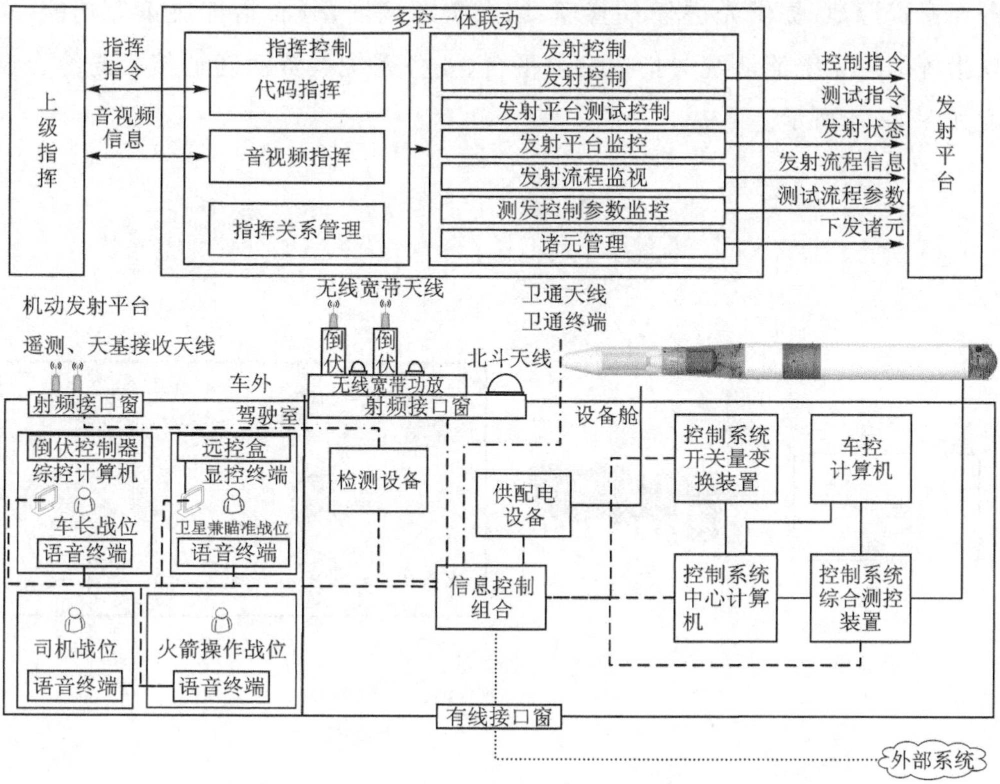

图 3-2　发射末端直连与代码指挥控制

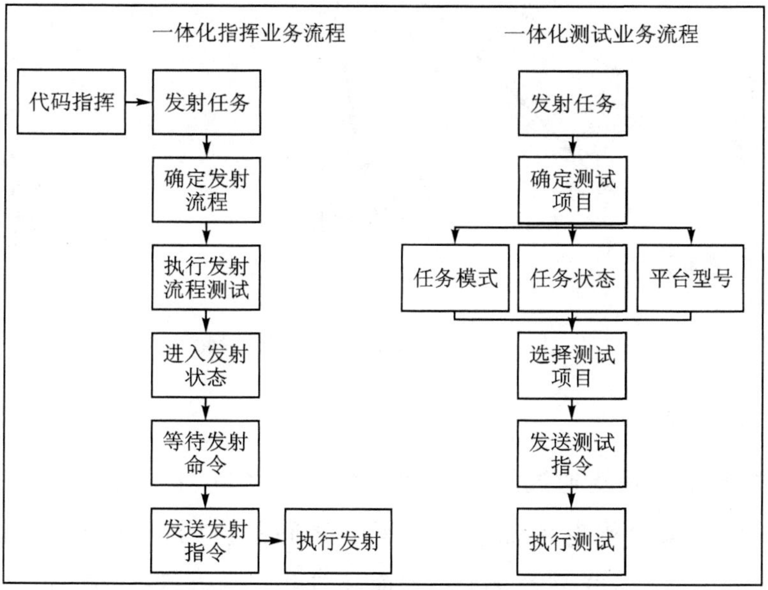

图 3-3　指挥业务流程通用化、标准化

务要素资源池，提供先进任务管理、综合资源调度、分布指挥决策等功能，实现指挥信息系统能够统一指挥发射平台、业务系统。资源随遇接入与综合调度如图 3 - 4 所示。

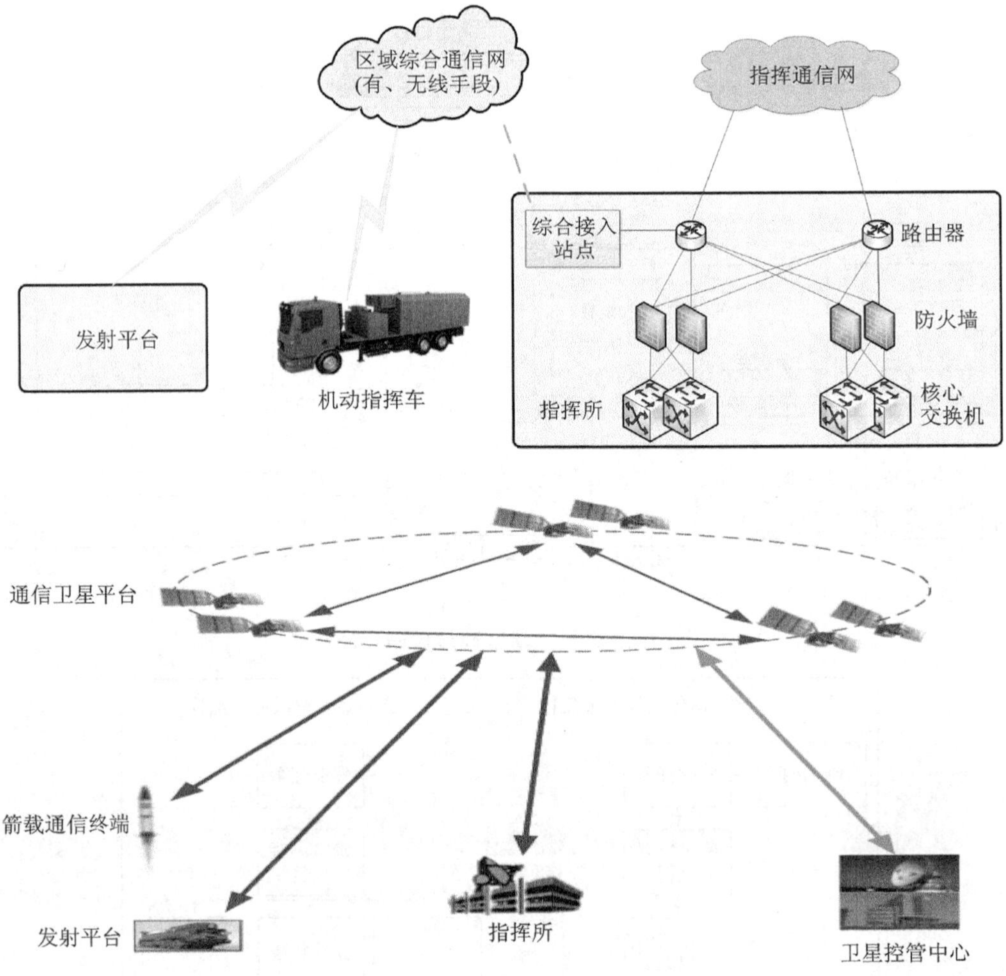

图 3 - 4　资源随遇接入与综合调度

4. 协同指挥

协同指挥主要是指通过纵向贯通指挥信息系统对发射平台、传感系统的指挥链路，横向沟通传感系统和发射平台之间的协同链路，促成指挥信息系统、发射平台、传感系统高效闭环，实现任务指令能够跨领域、跨平台快速交换。高效闭环与战术协同控制如图 3 - 5 所示。

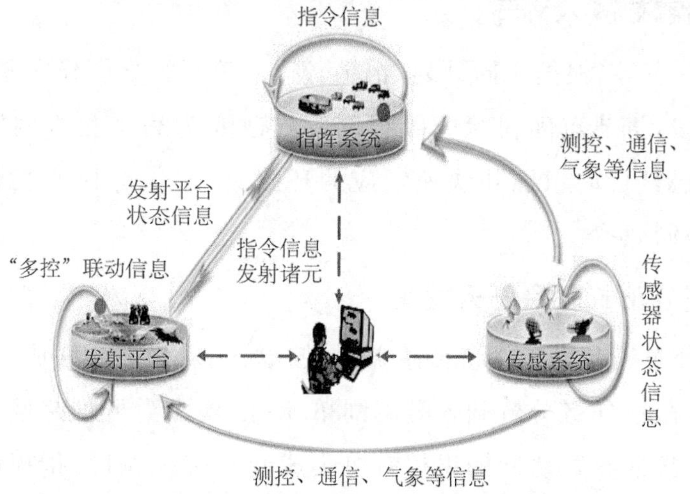

图 3-5　高效闭环与战术协同控制

3.3.3　能力增量

1. 广域机动抗干扰组网

将广域分布的天地基传感器、指控单元和机动发射平台、箱式火箭、海上发射平台链接起来，实现任务要素信息的广域通联，并通过安全接入控制实现机动组网、抗扰保通和信息安全。

2. 实时态势融合共享

能够在统一时空下，实时感知、获取、分发任务相关的状态信息、态势信息、环境信息，通过分布式态势处理算法对不同来源信息进行融合处理，在全网内形成清晰、一致、连续的态势，拓展发射平台对外部环境和全局态势的感知能力，为指挥决策、力量控制等提供信息支撑。

3. 远距机动最低保障条件代码指挥

针对多区域陆上机动发射、远海箱式快速发射等行动任务，制定覆盖指挥控制要素和处理规则的指挥控制指令，并实时传输和处理指挥控制指令，实现指挥信息系统向发射平台指挥控制系统、测发控制系统和测量控制系统等直接交互指令信息，使代码指令、诸元复核信息直达发射末端。

4. 平台高效战术协同

基于统一态势，根据协同计划，在星、箭、车等平台之间建立紧密的链接关系和协同手段，将节点间树状分级组网模式改变为扁平化组网模式，构建形成“机器—机器”自动识别和快速响应的环路，实现信息快速交换，缩短决策时间、提高协同效率。

5. 广域分布式联合任务管理

将广域分布的各类天地基传感器、指控单元、发射平台联成一体，将机动、发射、评估等阶段任务分解到各类不同单元，使其成为可供跨域、跨平台联合使用的要素，按照要素协同的思想有机集成起来统一调度、指挥和控制，实现资源的整合与优化；通过分布式决策技术实现辅助决策功能，加快指挥决策速度，从而提升航天快响发射在紧急事态下广域多场区、远海箱式、多波次、快速组网发射能力。

3.3.4 应用场景

1. 高优先级任务可靠发射

高优先级任务可靠发射要求在指定发射窗口内必须将重要卫星送入指定轨道。按照主备发射模式，在同一发射区域相距几公里的两个发射点位内分别布设主、备发射平台，并同时起竖火箭进入待发状态。当主发射平台在射前测试阶段出现异常或主火箭在飞行过程中出现飞行异常时，主发射平台需要通过可靠通信链路迅速将该信息发送至其他发射平台，自动启动备份发射平台进入发射程序，在剩余的窗口时间内将备份火箭迅速补射出去。

2. 远距离机动最低保障条件发射

联合指挥中心作为任务指挥中枢，要求能够直接指挥发射平台。当发射平台不具备常规通信保障条件时，数据链可作为具有宽覆盖范围和即时信息交互的通信手段，联合指挥中心可通过指挥控制链直接沟通发射平台指挥控制、通信控制、测发控制、测量控制、平台控制等系统，实现代码指令、诸元复核信息直达发射末端。

3. 多场联动快速组网发射

当执行多波次快速组网发射任务时，广域分布的多个区域发射平台之间既存在执行同一应急补网任务的发射协同关系，又存在执行相同发射轨道类型任务的同波次发射备份关系，一旦某区域发射平台任务失利，互为备份的另一区域发射平台将通过情报态势链及时感知获取相关任务态势信息，帮助实施发射策略快速调整，尽量减小前序发射失利对补网任务的影响。

3.3.5 应用模式

1. 同一区域协同模式

如图 3-6、图 3-7 所示，在高优先级任务可靠发射任务中，不同发射平台

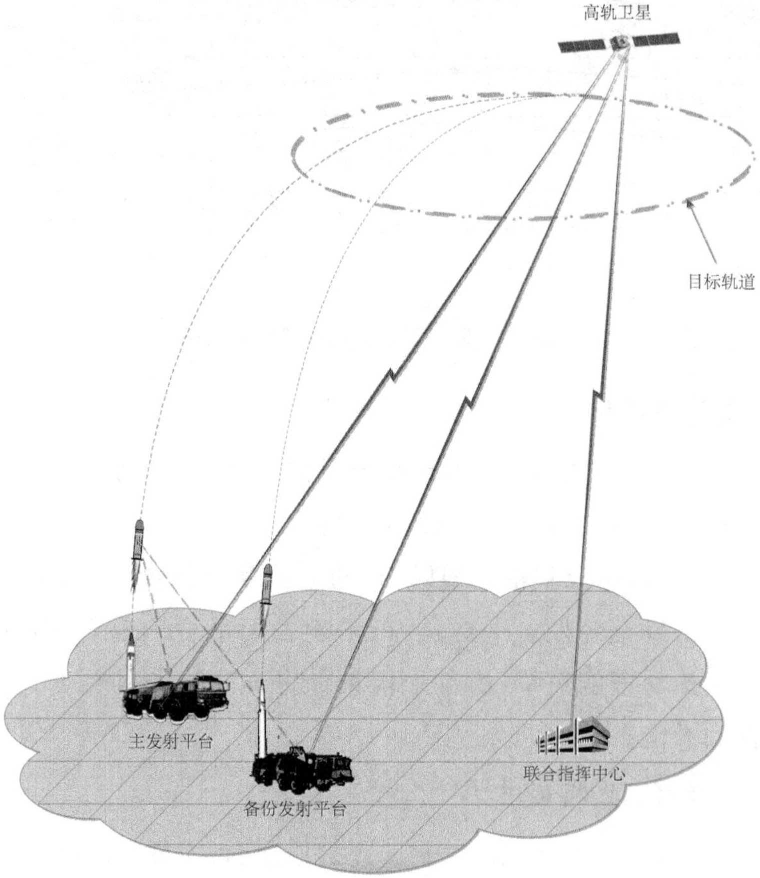

图 3-6 同一区域协同模式场景

之间可建立直接通信链路，实时共享发射信息。通过发射平台多控一体系统级精细协同，减少指挥层级和人工参与，提高指挥效率。主发射平台在火箭发射前由车载指挥控制系统按任务指令进行发射任务指挥，将本平台测发状态直接共享给备份发射平台，火箭发射后，箭上状态通过箭载测量控制终端下传至区域内主备发射平台，备用发射平台指挥控制系统实时掌握主发射火箭状态，一旦出现主发射火箭失利情况，备发射平台指挥控制系统自动下发备份任务指令，测发控制系统快速进入发射流程，完成高优先级任务可靠发射。

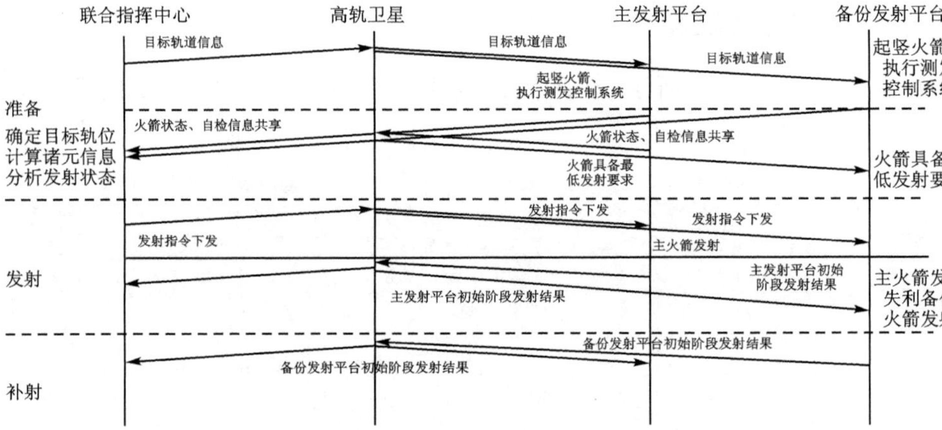

图 3-7　同一区域协同模式信息流程

2. 不同区域联合模式

如图 3-8、图 3-9 所示，在多场联动快速补网发射任务中，在联合指挥中心和不同区域各发射平台间构建分布式决策系统。发射平台开展发射波次临机协同快速调整，生成临机计划后，自动上报联合指挥中心，由联合指挥中心统筹批复后下发至各发射平台执行，实现发射平台出现突发情况时，临机计划由人工决策向智能决策、由集中决策向分布式决策的转变，提升指挥决策的敏捷性和效能。

3. 广域点对点指挥模式

如图 3-10、图 3-11 所示，在海上发射场景中，在复杂电磁环境条件和远海信息孤岛困境中，建立可靠的指挥通信链路，支撑指挥信息系统远程指挥、

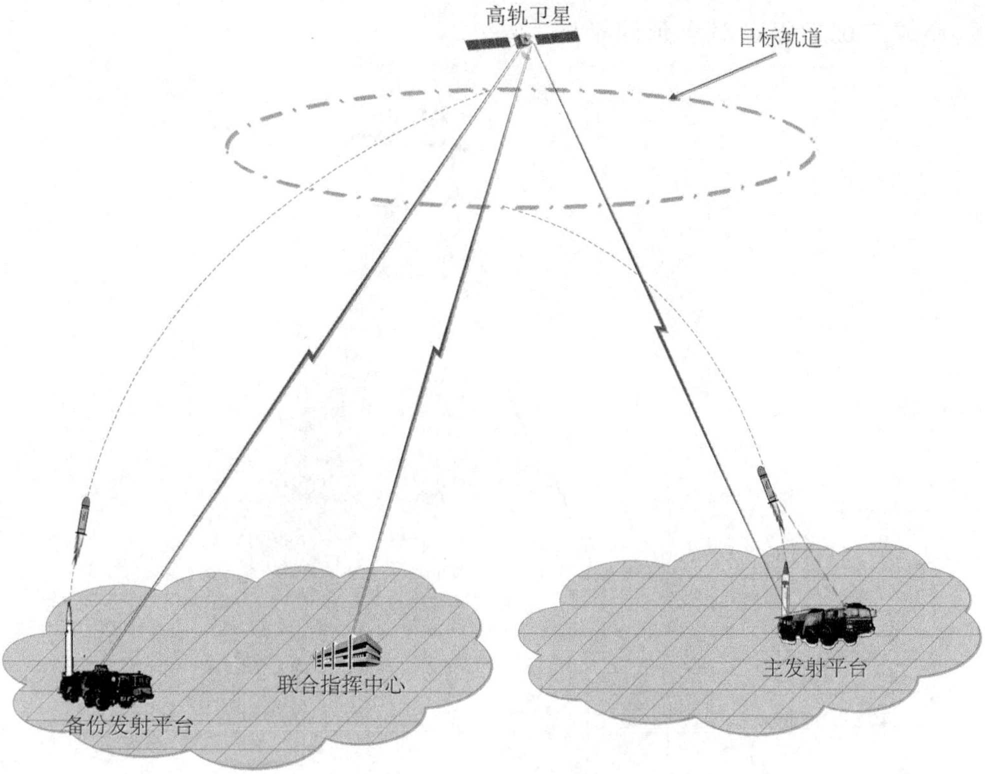

图 3-8　不同区域联合模式场景

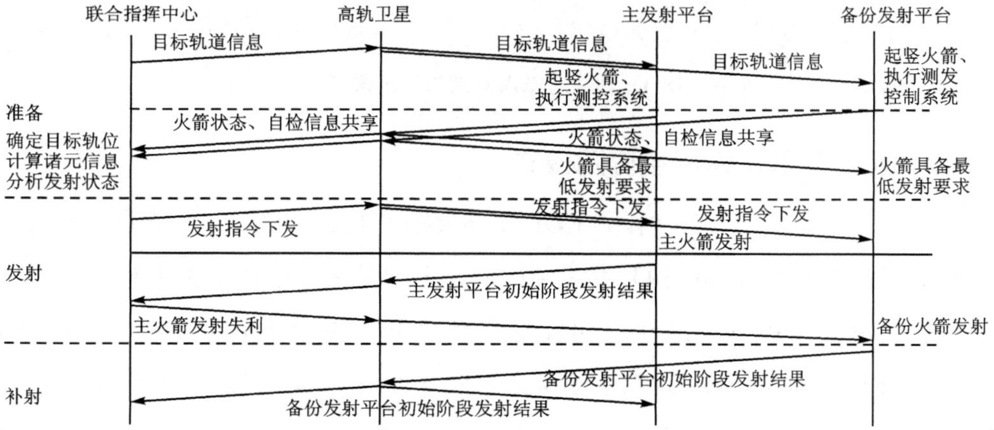

图 3-9　不同区域联合模式信息流程

操控发射平台端指挥控制系统，解决现有海上发射平台通信不可直达的问题，完成广域远程点对点延伸指挥。

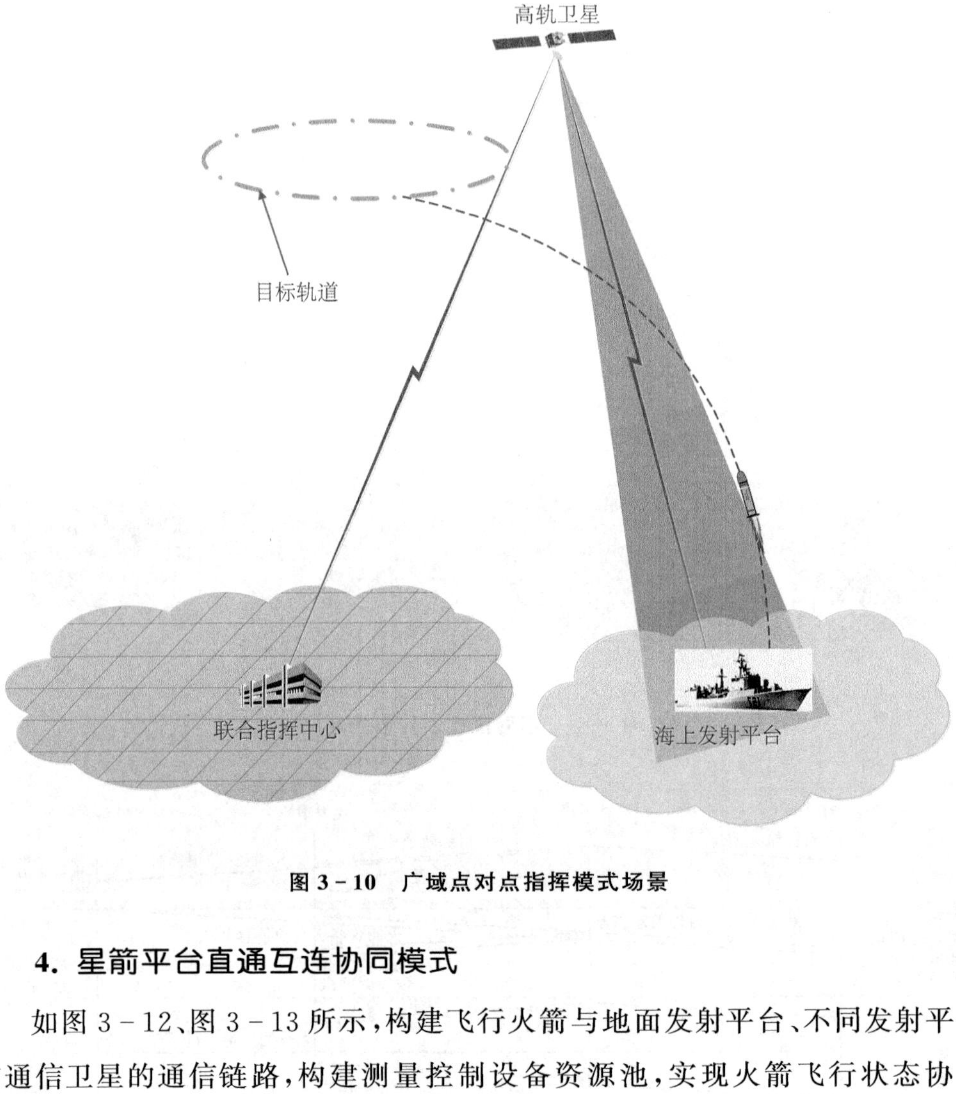

图 3-10　广域点对点指挥模式场景

4. 星箭平台直通互连协同模式

如图 3-12、图 3-13 所示，构建飞行火箭与地面发射平台、不同发射平台与通信卫星的通信链路，构建测量控制设备资源池，实现火箭飞行状态协同测量控制及测量控制信息在不同发射平台之间的共享和流转，解决主发射平台在火箭起飞初始段测量控制信号受火箭尾焰影响无法测量控制的问题，确保备份发射平台及时感知主火箭任务状态，根据异常情况自动启动备份发射流程。发射平台在火箭起飞初始段接收火箭地基遥测数据，发射平台通过通信卫星实现火箭飞行状态信息直传共享，形成直通互连协同发射模式。

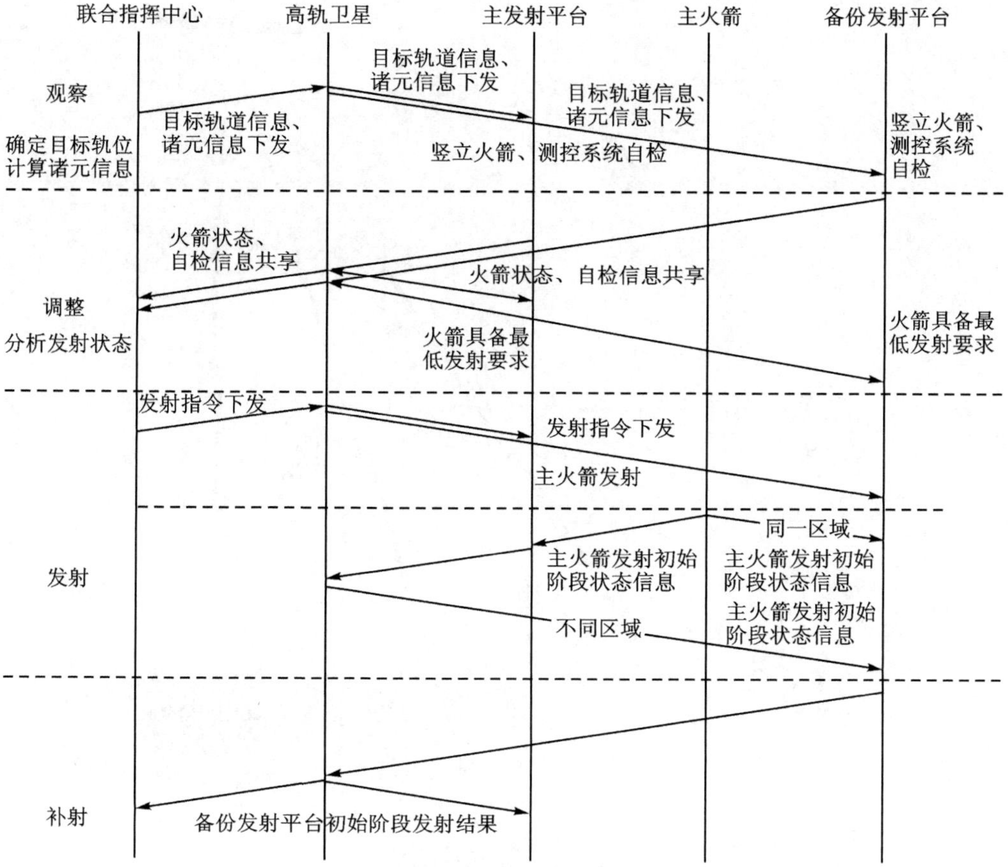

图 3-11　广域点对点指挥模式信息流程

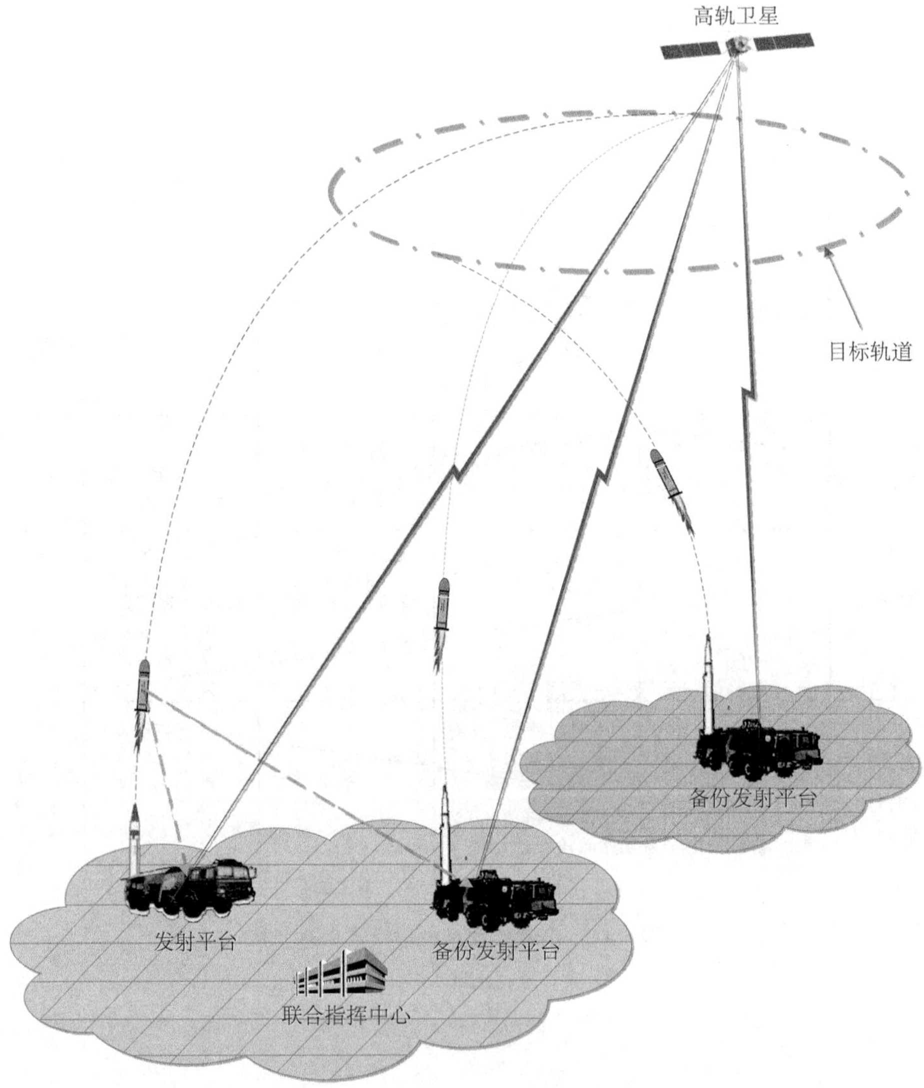

图 3-12　星箭平台直通互连协同模式场景

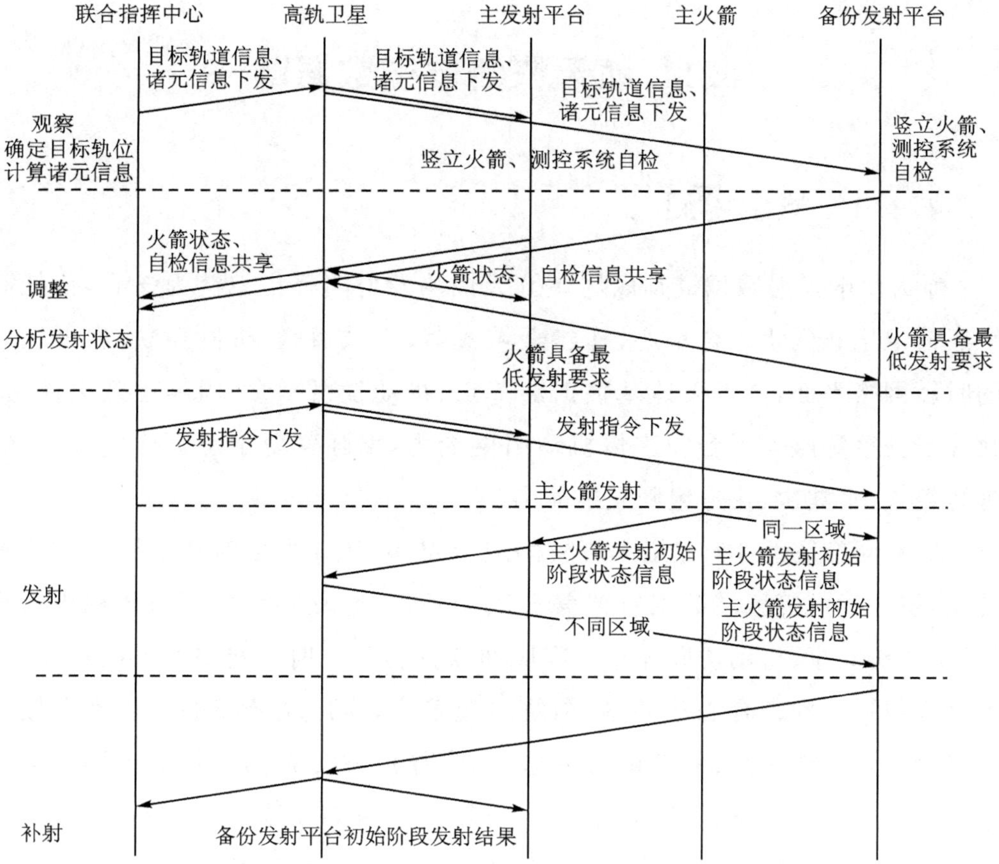

图 3-13　星箭平台直通互连协同模式信息流程

第 4 章　通链路

4.1　航天快响发射数据链

4.1.1　概念内涵

航天快响发射数据链是以构建航天快响发射闭环指控链为核心，依托高轨通信卫星和低轨综合星座，构建全域覆盖、广域通联、机器互联、扁平组网的时敏网络平面，具备天地基数据链节点、机动发射平台、固体运载火箭、低轨综合支援星座等平台间广域机动组网能力，增强紧急事态下广域多场区、远海箱式、多波次、快速组网发射能力。

全域覆盖是通过构建最小规模的卫星星座，快速形成对任务区域的广域覆盖，解决远海等区域数据链覆盖盲区问题，打通发射平台间的超视距指挥控制、态势共享、行动协同环路。广域通联是指基于时间与空间的高度统一，实现发射平台间综合态势共享；围绕卫星节点，为广域分布的发射平台按需分发大区域态势信息；复杂电磁环境下，支撑广域分布的发射平台形成端到端的数据链信息环路；实现两个或多个数据链网络广域态势共享；实现前方发射平台信息向后方联合指挥中心实时按需分发、远程态势感知、超视距目标情报回传等。机器互联是利用专用格式化消息标准，实现面向比特、“机器可读”直接处理，支持传感系统、发射平台、指控系统互操作与协同控制。扁平组网是指实现通信架构扁平化，去除传输组网中的冗余环节，着眼于平台间高效、敏捷互联。

4.1.2 必要性分析

1. 提高敏捷指挥控制能力

联合指挥中心指挥航天快响发射任务时，指令经多级转发后连通末端发射平台，链路长、延时大，不能支撑联合指挥中心对发射平台进行快速、直接的指挥控制。需要利用数据链广域组网、可靠指挥控制能力，支撑联合指挥中心对发射平台的直接指挥，进一步提高联合指挥中心敏捷高效的指挥控制能力。

2. 提升发射平台协同能力

多个发射平台共同执行发射任务时，依然采用独立发射模式，各个发射平台仅仅依靠上级指挥机构指令执行动作，形成了“信息孤岛”，无法适应多个发射平台联合任务协同应用模式。需要利用数据链广域组网和全网态势统一能力，增强发射平台对外部环境和综合态势的感知能力，实现广域条件下发射平台任务协同能力。

3. 增强快速测发控制能力

在发射任务中，一般经过气象信息、测试数据人工分析和判读，弹道仿真分析、发射诸元计算与提前注入等冗长步骤，一旦出现意外情况，需要根据预案评估判读和决策，人工参与度高，决策周期长，难以满足紧急条件下时效性和临机应变能力要求。需要利用数据链格式化消息“机器可读”的特点，将指挥控制信息向测发控制系统延伸，使任务指令直达发射平台末端。同时，进一步结合智能指挥决策相关技术成果，对综合态势进行智能判决，对全域任务状态综合处理，形成综合态势和辅助决策信息，并通过数据链向指挥员推送，简化人工研判压力，提升发射平台测发控制快速应变、调整能力。

4.1.3 基本构成

基本构成包括星载数据链信息处理载荷、数据链终端设备、网络监视与通信规划设备、消息标准、分布式决策等。

1. 星载数据链信息处理载荷

与传统 UHF 卫星通信系统相比，星载数据链信息处理载荷继承了波束覆盖范围大、信号穿透能力强、终端简单可靠等优点，针对数据链指挥控制、态势共享和行动协同等功能需求，具有更强的服务能力，具体体现在以下几点：

一是传输组网能力。使用过程中，各个平台间形成基于战术功能的信息资源共享关系，该关系可在制定任务预案时预置，也能够根据任务进程灵活调配，各个平台间具备全连通、全双工的互联互通能力；具备点播、组播和广播能力，可根据数据链需要，实时按需分发。

二是信息交换能力。进一步通过减少消息传输交换及网关处理环节，灵活设计消息帧长，以提高消息实时传输能力。

三是指挥应用能力。充分考虑指挥控制、态势共享和行动协同等用户体验的关键问题，实现与数据链的统一规划、统一组网和统一应用。

通过星载数据链信息处理，航天快响发射具备透明转发、星上处理以及电路交换模式下的数据链消息处理功能，可满足平台的实装性要求，适配 UHF 信道的对外接口以及消息协议。

2. 数据链终端设备

(1) 端机功能

一是实现格式化消息处理、自由文电收发，实现网络时间统一和信息处理坐标统一。

二是支持 UHF 频段星上处理模式，实现短时猝发的通信业务。

三是支持 UHF 链路分布式组网模式，支持流媒体(图片)信息传输。

四是适配 UHF 信道的对外接口以及消息协议。

五是支持 UHF 频段透明转发模式、星上处理模式以及电路交换模式。

六是支持 UHF 链路集中式组网、分布式组网、多链综合应用组网。

(2) 端机组成原理及架构设计

数据链终端设备由通用信息处理、卫导和电源变换组成。通用信息处理主要为适配UHF卫星信道的发送间隔，适配UHF卫星信道设备的对外业务接口和控制接口，同时完成信道工作参数加载和配置，链路消息协议处理和链路管理，与数据链网管设备以及地面网的协议处理等。卫导由1个二合一卫导（GPS、北斗二）和1个原子钟组成，其主要实现端机位置和标准时间的输出功能。电源变换分为电源变换单元和前端电源；主要完成交流220 V电源变换为端机主机单元所需的电源以及为主机单元内部各部分供电。

3. 网络监视与通信规划设备

数据链网络监视管理是实现数据链系统状态监视、网络管理的核心功能。主要作用有对数据链系统的网络运行状况、网络责任、卫星信道状态、星上处理模式数据链信息处理载荷状态进行监视；对系统内网络成员进行卫星信道管理、网络责任管理、密钥管理；对生成的数据链规划文件按照其格式要求进行解析并显示。在原有数据链网络设计和通信规划的基础上，增加数据链系统的任务要素单元和系统参数表，能够生成用于数据链卫星端机设备和数据链网络监视管理的数据文件。数据链卫星站点控制设备和数据链网络监视管理加载上述初始化配置文件后，能够支撑数据链系统按照网络设计组网工作；数据链网络设计通信规划同时负责维护网络设计通信规划数据库，支持对数据库中的网络设计通信规划进行修改以适应新的使用要求。

4. 消息标准

提炼任务各环节主要参数及信息流程，结合数据链消息特点，制定适用航天快响发射的系列消息，消息结构有初始字、延长字和继续字三种类型。

(1) 初始字

初始字是一条消息中跟在报头后的第一个消息字，它确定消息的基本数据，以及初始字之后的延长字和继续字的总数。

(2) 延长字

延长字是用于传输逻辑上与初始字关联的数据字段组，包含消息中常用的附加数据。延长字不需要在每条消息中发送；但是，如果发送延长字，必须跟在初始字之后发送。

(3) 继续字

继续字是对初始字和延长字的补充信息。继续字包含消息中的扩展数据,根据交换协议和信息交换要求选择该数据。

5. 分布式决策

传统的发射任务临机处置主要依赖于“人工经验+发射规则”,大大增加了主观因素。通常存在以下问题:

一是过度依赖指挥人员的经验和业务能力,缺乏科学的理论与足够的现代化手段的支持,指挥人员几乎不可能一直做出最优的规划方案,甚至会因为过于繁重和紧张的工作而做出错误的决定。

二是在紧急情况下,有大规模快速发射任务时,联合指挥中心难以在短时间应对全域范围内多任务、多发射平台的指挥决策计算和判断。

分布式决策技术,可以模拟指挥员在态势分析和指挥决策时的思维和认知活动,还能利用计算机的高速计算能力。该技术具有如下显著优势:缩短系统决策反应时间;提高决策合理性和可行性;提高系统的抗干扰和生存能力。

分布式决策由发射平台优先级评判、可发射性判断、方案生成和发射效果评估组成,流程如图 4-1 所示。

(1) 发射平台优先级评判

对待发射载荷的重量、弹道参数等信息和当前时刻各地域发射平台的位置、状态信息,进行分析对比,给出发射平台优先级的量化评估结果。通过对发射平台优先级排序,自动生成发射序列。这样可为指挥员进行决策,实现紧急事态下同一区域内打一备一、多场联动快速发射提供信息支撑。

(2) 可发射性判断

根据发射平台所在的发射区域气象信息,星、箭测发控制检测状态,待发射卫星的弹道参数、轨道范围内的太空碎片等信息,对各区域火箭预发射结果进行解算,给出可发射性判断结果。

(3) 方案生成

根据发射平台的优先级、可发射性判断结果等信息,在满足资源约束的条

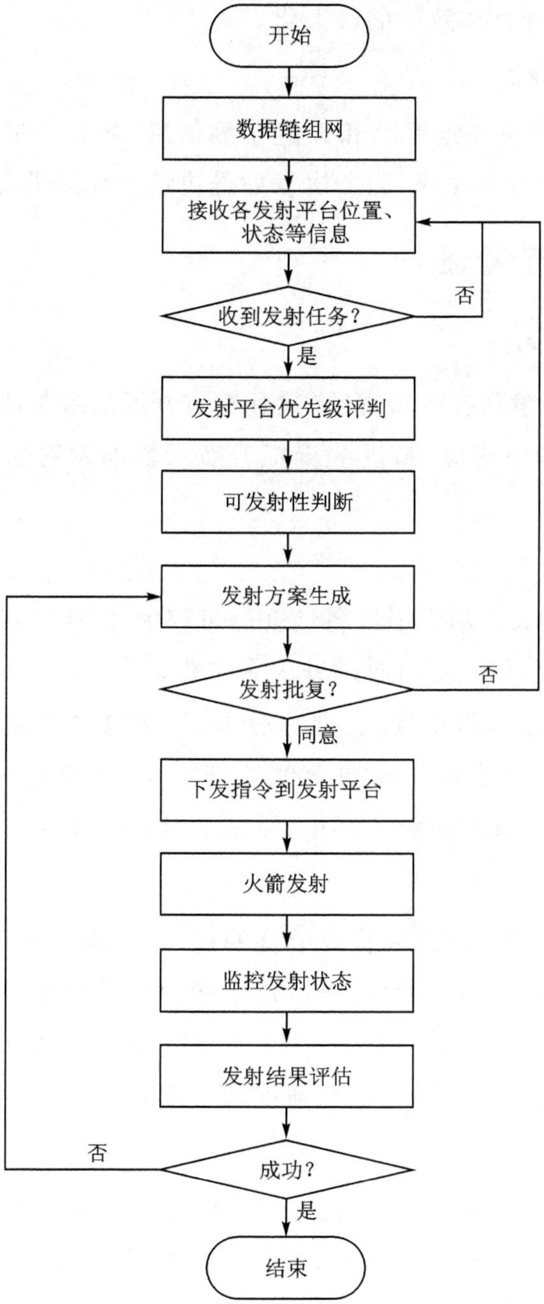

图 4-1　分布式发射决策流程

件下,在合适的时间将合适的发射任务分配给合适的发射平台,分布式生成任务方案,实现任务整体效能的最大化。

(4) 发射效果评估

发射完成后,根据本地遥测和天链遥测信息,判断卫星发射情况,给出当前任务是否完成的评判结果,为二次发射等决策过程提供支撑。

4.1.4 演示验证

1. 演示验证内容

结合航天快响发射任务流程、样式和特点开展演示验证,通过数据链与航天快响发射装备的集成应用,进一步提升航天快响发射指挥控制、态势共享和行动协同能力。

(1) 技术体制

数据链在与航天快响发射装备结合的过程中,需要依托现有装备,最小限度地实施信息流程再造、接口改进升级等工作,以建立扁平化、机器对机器的数据链系统,其中涉及信息接入、处理分发、资源管理等诸多方面,并对使用性能有重要影响。技术体制所包含的功能定义、协议流程和接口规范等要素,需要构建星地一体演示验证环境,系统地对技术体制进行验证。

(2) 消息标准

数据链在与航天快响发射装备结合的过程中,需要围绕航天快响发射任务中指挥控制、态势分发等使用特点,制定数据链消息业务承载、信息分发与互操作等消息标准,构建与实际任务结合的应用场景,验证航天快响发射需求下,数据链消息标准的符合性、完备性和可用性。

(3) 应用模式

航天快响发射数据链应用模式直接影响任务效能,需要针对典型应用场景,通过构建星地一体的系统演示验证环境,重点验证远距离机动最低保障条件发射和多场联动快速发射等任务的应用模式。

2. 演示验证环境

依托数据链载荷资源等,充分利用已有的各类装备,通过应用终端搭载、平台指挥控制系统改进等，在实际卫星链路条件下，对系统的技术体制、关键技术及应用样式进行验证。同时，面向航天快响发射任务，构建典型远距离海上箱式发射和多场联动快速发射等任务场景。根据发射任务的样式以及指挥信息流程，重点探索数据链对航天快响发射任务的保障模式。实装演示验证场景选取同一区域多发射平台、不同区域多发射平台、不同区域机动发射平台和海上发射平台作为基本参试平台，整个试验系统分为六大部分：指挥所、组网中心、卫星站点、参试卫星、发射平台和配试保障设备。实装演示验证系统环境连接如图 4－2 所示，实装演示验证参试配试设备清单如表 4－1 所列。

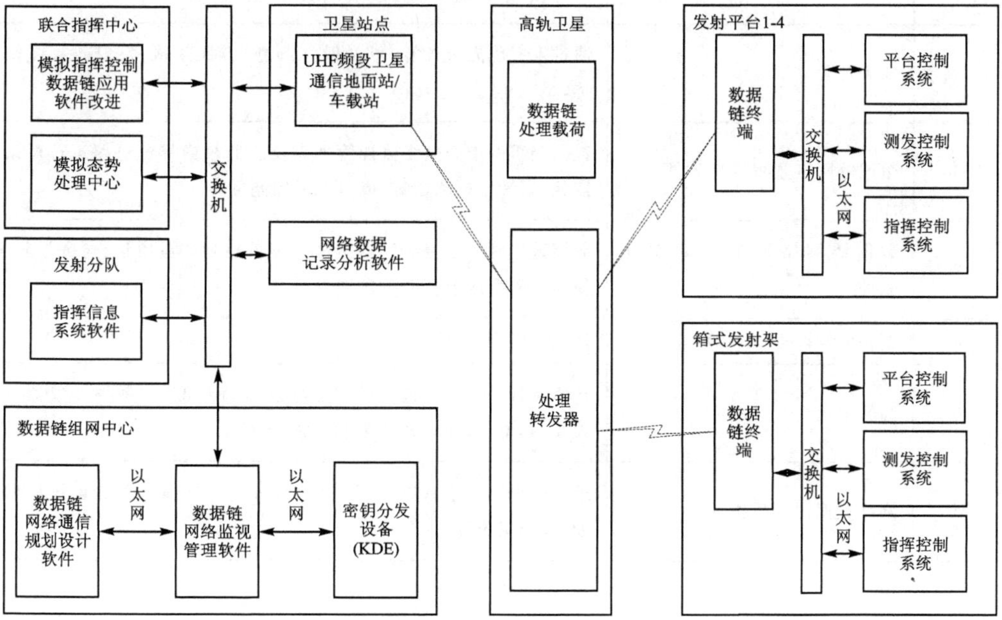

图 4－2　实装演示验证系统环境连接

表 4-1　实装演示验证参试配试设备清单

序　号	名　称	备　注
1	数据链终端(含卫通)	配备于卫星通信地面站/车载站,各发射平台。通过数据链建链通信,具备通过自定义数据接口发送多种任务指令与测量控制信息能力。具备接口适配与转换能力,能够与平台控制、指挥控制和测发控制交互信息,同时具备链路监视管理,规划解析处理、信道配置开通等功能
2	发射平台	含指挥控制系统、平台控制系统和测发控制系统
3	箱式发射架	含指挥控制系统、平台控制系统和测发控制系统
4	联合指挥中心软件改进	数据链功能适配改进。包含发射任务、管控、训练、保障指令的下发,具有联合态势、测量控制信息监视与显示功能
5	任务管理	通过发射优先级计算、可发射性判断、方案生成、发射效果评估等,实现辅助决策功能
6	数据链网络监视管理软件	数据链组网中心网络监视管理席位。监视数据链链路运行及站点状态,平台链路质量、成员入退控制网等
7	数据链网络通信规划设计软件	数据链组网中心网络规划席位。具备规划资源申请、参数拟制、规划文件生成及自动下发能力
8	密钥分发设备(KDE)	接入组网中心,统一分发密钥
9	高轨卫星	在轨运行(预计)。包含数据链处理载荷及 UHF 频段转发器及天线,具备 UHF 频段链路接入能力
10	网络数据记录分析软件	进行数据链网络数据监视、记录与分析。支撑试验验证过程回溯、故障定位等

4.2　装备适应性设计

4.2.1　火箭适应性设计

针对数据链应用模式,理论上可在现有火箭系统装备硬件设备、发射点位气象支撑条件、空间碎片预警信息等基础上,通过软件升级和增设少量硬件设备，打通平台控制、测发控制、指挥控制等平台系统内和联合指挥中心之间的数据链路，实现任务效能的有效增强。

演示验证阶段，依托现有箭上遥测、外测、安控终端，发射前由测发控制系统上报火箭状态，起飞后火箭状态可通过地基遥测和天基遥测下传至地面，再通过地面数据链终端进行信息裁剪和格式转换后接入数据链。目前，火箭测量控制工作示意图如图 4－3 所示。

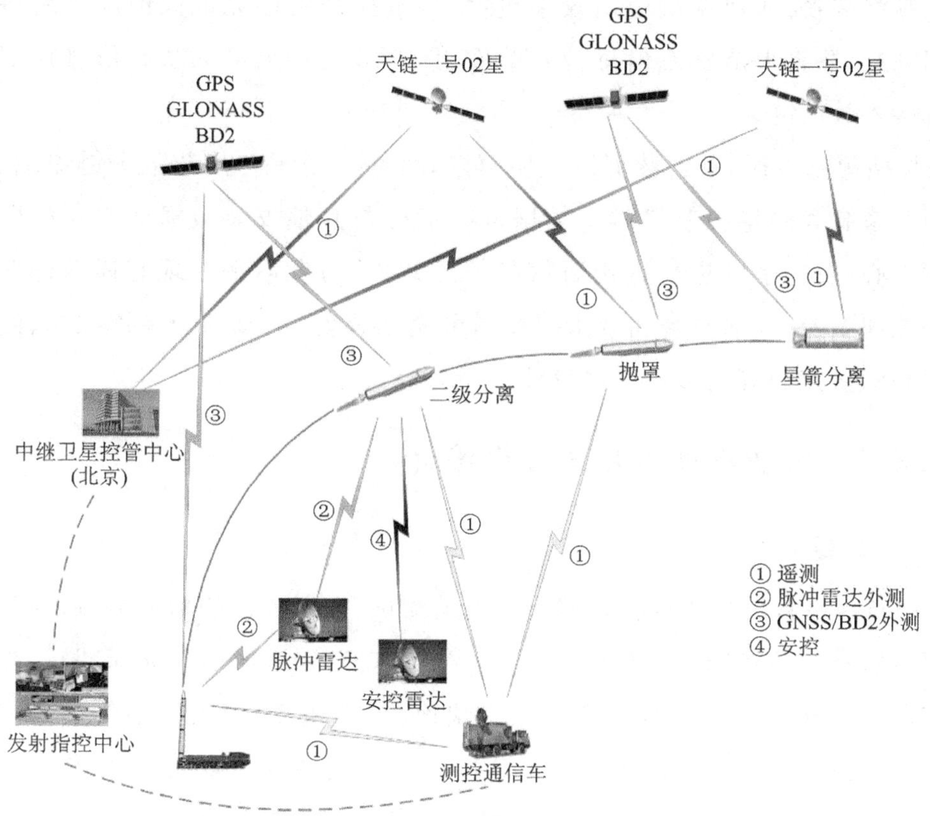

图 4－3　火箭测量控制工作示意图

长期规划阶段，为进一步提高状态上报效率和形成态势共享，可将箭上遥测数据格式按数据链标准格式统一，减少数据格式转换环节；可扩展地基和天基前向遥控功能。通过对箭载测量控制终端与数据链的结合应用，将发射平台作为交叉节点，可更好地适应广域联合发射和高可靠性快响发射的模式。

4.2.2 发射平台适应性设计

发射平台已配备通信控制系统，包含光纤、被复线和超短波电台 3 种通信链路，可与各级指挥节点建立通信链路，但上述有线链路对地面保障条件要求高，不适用于远距离机动发射；超短波电台通信距离有限。

在演示验证阶段，在发射平台加装简易式指控终端、数据链终端和便携式测量控制终端，完成数据链应用效果演示，测量控制终端完成火箭起飞后遥测数据采集，并将火箭状态信息转发给发射平台，飞行火箭的状态信息在发射平台接入数据链。

在长期规划阶段，针对数据链应用模式，可在发射平台加装数据链终端、指挥控制系统和测量控制终端。数据链终端可与其他安装数据链终端的联合指挥中心、发射平台进行直接通信和信息共享，与发射平台现有通信链路互为补充和备份；发射平台加装指挥控制可简化装备，更有利于指挥控制、测发控制和测量控制等的多控一体设计。

4.2.3 机动指挥平台适应性设计

1. 总体要求

机动指挥平台可作为固体运载火箭射前测试、发射控制的指控节点，射后火箭飞行状态的监控节点。机动指挥平台设计应充分考虑运载火箭特点，体现系统的快速性、实用性，全面满足场内快速、场外机动、海上发射等各种发射方式下的测试、监控、发射需求。机动指挥平台是体现一体化、集成化设计的多功能平台，承载了测发控制设备、指控通信设备和测量控制设备，具备对发射平台进行测发控制的能力。可以实现统一接受上级指令，同时指挥多发射平台完成测试发射。同时，还具有首区遥测功能，可以实现对火箭发射后前三级的遥测。

(1) 主要使用要求

一是作为测发控制、指控通信和遥测设备的共用机动载体，为航天快响发射提供指挥控制作业场所。

二是以信息控制组合为中心，完成与发射平台的无线及光线互联，同时，建立平台内以太网进行信息交换。

三是提供统一的运算资源云平台，实现计算、数据存储、数据处理等服务，各用户终端通过以太网连接到运算资源云平台上，各服务程序在运算资源云平台上运行，在用户终端完成指令输入、数据判读和浏览等人机交互功能。

四是承载卫通天线、北斗天线、短波电台等通信手段，实现发射全程接收上级指挥，以及无依托诸元下发。

五是承载大尺寸相控阵遥测天线，实现简化测量控制网保障条件的“首区＋天基测控”模式。

(2) 主要功能要求

1）指挥通信要求

包括数据、话音指挥功能要求；光缆、被复线、卫星、无线宽带、超短波、短波、北斗短消息等通信功能，以及动中通功能要求；多业务综合交换与控制功能要求；有线、无线等信道话音、数据通信加密能力要求；机动行进定位及短信通信功能要求；车内精确时统、接受外部时统功能要求。

2）野外生存要求

包括越野通过性、野外环境适应性要求；天线倒伏控制功能要求。

(3) 指标要求

1）通信指标要求

包括 SDH 体系光通信信道路数，传输速率，以太网、E1 等业务接口要求；使用野外光缆通信、无中继通信距离，使用固定光缆通信距离要求；被复线群路通信方向数量要求；以太网、二线等业务接口要求；卫星、电台、短波通信信道路数要求；卫星通信速率，电台数据传输速率，以及定频传输速率、跳频传输速率要求；中等起伏地形的通信距离要求；机动行进中梯队内通信距离要求。

2）机动性能要求

包括单车展开、撤收时间要求；机动方式要求；道路条件要求，包括公路等级、铁路运输条件、短距离急造土路、越野条件要求；机动距离要求，包括公路机动考核距离、公路机动允许越野距离、实施铁路机动运输时机动里程铁路与公路比值等要求；机动速度要求，包括在Ⅳ级公路最高机动速度、平均速度，Ⅳ级以上公路最高机动速度等要求；续驶里程要求。

2. 总体设计

(1) 功能组成

机动发射平台由测发控制设备、指控通信设备、遥测设备、视音频监测系统和车辆组成，是采用整车集成化、装车一体化的设计思想，对设备进行小型化、集成化设计，整合基础支撑平台，以信息控制组合为信息枢纽，集测发控制、指挥控制、通信控制、遥测处理等为一体的平台。

1）测发控制设备

测发控制设备主要包括显控终端、显示器、便携式远控装置及充电器，其中显控终端和显示器固定在机动发射平台方舱内。

测发控制设备如表4－2所列。

表4－2　测发控制设备清单

序　号	设备名称	位　置
1	显控终端主机	方舱内台柜
2	显示器	方舱内台柜
3	键盘/鼠标	方舱内台柜
4	便携式远控装置(及充电器)	方舱内台柜

2）指控通信设备

指控通信设备主要有信息控制组合、机架显示器及KVM、语音终端、服务器组、存储设备、笔记本等，车外安装有无线宽带功放、高架天线杆、宽带天线、北斗天线等。

指控通信设备如表4－3所列。

3）遥测设备

遥测设备具备完成箭上测量设备供配电、遥测数据接收、天基数据接收、外测安全测试、测量数据处理等功能，主要包括：遥测接收机、相控阵天线、天线控制器、图像解码机等。

表 4-3 指控通信设备清单

序号	设备名称	位置
1	信息控制组合	方舱内机柜
2	防火墙	方舱内机柜
3	服务器组	方舱内机柜
4	存储设备	方舱内机柜
5	机架显示器	方舱内机柜
6	KVM 控制台	方舱内机柜
7	笔记本	台柜桌面
8	无线宽带功放	方舱顶部
9	语音终端	各席位
10	无线宽带天线	方舱顶部
11	北斗/卫通天线	方舱顶部
12	短波电台	设备舱
13	卫通设备	设备舱

遥测设备清单如表 4-4 所列。

表 4-4 遥测设备清单

序号	设备名称	位置
1	遥测接收机	方舱内机柜
2	天线控制器	方舱内机柜
3	相控阵天线	方舱顶部
4	综合测量控制台	方舱内机柜
5	显示器	方舱内机柜
6	图像存储控制设备	方舱内机柜
7	视音频切换矩阵	方舱内机柜
8	图像解码机	方舱内机柜
9	图像监视器	方舱内外

4）视音频监测系统

视音频监测系统用于监测机动发射平台的状态，包括车内人员情况、仪器操作、大屏幕显示和车外天线及外围状态；车外调温舱状态、箭体起竖及车外人员情况。前后端之间通过指控通信网络进行联通。

视音频监测系统由图像供电设备、图像存储控制设备、视音频切换矩阵、摄像设备等组成。视音频监测系统如图 4-4 所示。

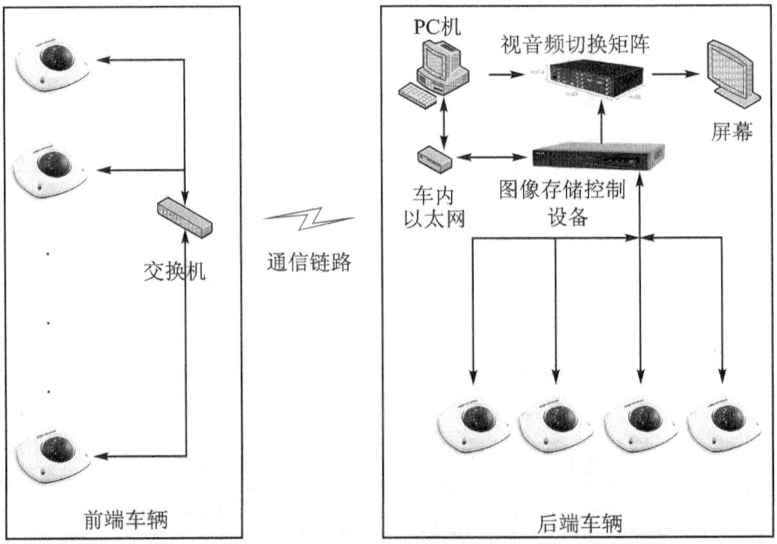

图 4-4　视音频监测系统组成

5）车　辆

车辆由底盘、方舱、温控设备、供配电设备、装车结构件及工具附件等组成，具体设计和功能如下：① 运输车底盘。驾驶室内配备顶置空调和独立暖风系统，玻璃贴防晒膜（含前风挡玻璃）。底盘增配大油箱、乙醚低温启动器、顶置空调。② 方舱。上方依次安装相控阵遥测天线、NIVS 无盲区短波天线、天线箱、宽带天线、卫星动中通天线。整车后部安装高架天线升降杆、登顶梯。全车设置进风口、出风口，电源接口窗、信号接口窗、转接接口窗，天馈接口窗。③ 车载供配电设备。发电机组、蓄电池组、供配电单元、UPS 交流不间断电源、AC/DC 电源、DC/DC 电源，此部分均分布在设备舱，为车内设备提供电源，具有行进间为空调、指控通信设备供电的能力。④ 温控设备。空调机组为方舱内设备及人员提供适宜的环境温度。

(2) 功能编设

机动指挥平台是支撑航天快响发射机动指挥作业的主要场所，具有态势综合、指挥决策、力量控制等数据指挥和话音、图像指挥等功能。

如表 4－5 所列，机动指挥平台编设指挥决策、行动计划、指挥保障、后装保障等席位。

表 4－5　席位编配

要　素	席　位	职　责
指挥决策组	正副指挥员	负责接受上级任务指令，组织开展任务规划、研究定下发射决心，指挥决策发射行动
行动计划组	态势综合席	负责制订任务计划，提出决心建议；根据发射决心，标绘各类态势图，拟制下达任务指令及相关补充指示；组织指挥发射行动
	任务计划席	
	行动控制席	
	任务评估席	
指挥保障组	信息通信席	主要负责通信、指挥保障（测量控制、气象、电磁、地理等），以及指挥所操作维护
	指挥保障席	
后装保障组	后装综合席	负责组织后勤装备、设施整修和物资、器材补充；掌握车辆、装备、物资器材、设施设备性能状态，负责发射行动中的后勤装备保障工作

(3) 作业模式

机动指挥平台有驻车作业和行进作业两种使用模式，可满足不同发射指挥需求。

1）驻车作业

机动指挥平台驻车作业时，对上互联方面，机动指挥平台可通过营区或点位预先部署的光缆接入点接入机固互联系统，也可通过卫通站点或短波站点接入机固互联系统，再通过机固互联系统接入服务节点，实现对上数据同步、资源共享和应用连接。对下互联方面，机动指挥平台可通过光纤、被复线、无线宽带、卫星、超短波、短波等通信手段与发射平台互联互通，实现对下发射指挥。

2）行进作业

机动指挥平台行进作业时，对上互联方面，机动指挥平台可通过卫星动中通天线连接至卫通站点，接入机固互联系统，再通过机固互联系统接入服务节点，实现对上数据同步、资源共享和应用连接。对下互联方面，机动指挥平台可通过卫星、超短波等动中通信手段与发射平台互联互通，实现对下发射指挥。

第5章 强能力

5.1 总体能力

5.1.1 指挥决策能力

指挥决策能力是支撑开展确定任务构想、提出决心建议、定下任务决心、方案评估、计划组织等过程的核心能力，主要包括任务筹划能力和计划规划能力。

1. 任务筹划能力

任务筹划能力是指通过辅助决策手段支持任务筹划和决策的能力，衡量指标包括任务筹划的力量种类覆盖率、决策要素支持度、决策支持时效性、支撑数据完备性、关键环节支撑度。其中，力量种类包括测试发射、飞行测控、指挥信息系统和支援保障等；决策要素包括星座构型或卫星轨道、卫星型号及载荷、发射窗口、发射弹道、运载器型号、发射点位、发射编组等；决策支持用时为任务预案分析计算生成时间，含复杂场景的分析和计算时间；任务筹划支撑数据包括筹划准备、判断情况、理解任务、形成构想、制定方案等流程作业数据；任务筹划关键环节包含天基系统受损分析、发射能力分析、发射资源综合调度、天基系统增强效果评估等。

2. 计划规划能力

计划规划能力是指对任务计划开展规划，并能根据计划执行开展临机调整的能力。衡量指标包括计划规划的行动种类覆盖率、行动要素支持度、行动规模满足率、生成时效性、调整时效性。其中，行动种类包括场内快速发射、场外机动发射、海上发射、箱式发射等；行动要素包括星箭装检、机动行进、测试发射、入轨测控等；行动规模包括单波次发射、多波次发射等；计划规划生成用时为明确发射决心后任务计划生成用时，含复杂场景的分析和计算时间；计划规划调整用时为任务计划临机调整用时。

5.1.2 力量控制能力

力量控制是指挥控制的实施环节，主要是对人员、平台进行控制和协调，在实际任务流程中的控制协调涉及掌握任务情况、评估任务态势、确定调控决心、调控任务行动等过程。按照控制对象类型划分为行动控制能力及平台控制能力。另外，基于网络信息体系的发射模式的发展，存在着各种不同类型的跨指挥关系、跨领域的协同，因此还需考虑协同控制能力。

1. 行动控制能力

行动控制能力是按照任务方案计划、实时情况以及突发事件等，对发射行动进行实时掌握的能力。衡量指标包括行动控制的行动类型覆盖率、行动状态掌控度、容量满足率、状态监视类型覆盖率、范围满足率、指令时效性。其中，行动状态包括星箭装检、机动行进、测试发射、入轨测量控制等；行动控制容量是指实际控制的发射平台数量；状态监视类型包括任务流程监视、行动监视、进程监视、关键节点监视等；行动控制范围是指发射平台能够接收控制指令的有效范围；行动控制指令用时是指控制指令到达发射平台的有效用时。

2. 平台控制能力

平台控制能力是对发射平台实施网络化控制，将指挥效能转化为任务效能的能力。衡量指标包括平台控制的平台种类覆盖率、铰链比率、容量满足率、范围满足率、指令时效性、精度满足率、指令反馈时效性、指令成功率。其中，平台种类包括陆基、海基、空基、铁路等；铰链数量是指能够与指控系统铰链的发射平台数量；平台控制容量是指实际控制的发射平台数量；平台控制范围是指发射平台能够接收控制指令的有效范围；指令用时是指控制指令到达发射平台的有效用时；指令反馈用时是指发射平台接收指令到控制端接收到反馈指令的有效用时。

3. 协同控制能力

协同控制能力是人员、平台间通过协同链路，开展行动协同、平台协同的能力。衡量指标包括协同控制的要素满足率、容量满足率、范围满足率、资源类型覆盖率、时间、成功率等。其中，协同控制容量是指控制的协同对象数量；协同控制范围是指协同指令可达范围；资源类型包括时间、空间、频率、信息等；协同控制时间是指协同请求开始到协同需求满足的有效用时。

5.2 总体方案

5.2.1 设计思路

航天快响发射指挥信息系统采用多控合一设计，集成指挥控制、通信控制、测发控制、测量控制、平台控制等功能，统一接口、统一信息规范、统一交互指令集、统一硬件平台、统一软件集成框架，在流程上实现信息驱动自动衔接，逻辑形态上集成一体，快速部署，构成具有强实时、高可靠、高安全、智能化、强抗毁等技术特征的指挥控制链路。将智能化、无人化、云计算、大数据等实用新技术注入航天快响发射指挥信息系统，突出“敏捷、灵活、可靠、智能”等特质，通过指挥控制链的智能闭合，动态高效聚合发射资源，实现从单平台发射效果累加到体系支撑下平台效能倍增。在通信网络构建上，针对大容量并发高速信息传输需求，采用光纤、无线宽带和数据链等构建多通信网络。数据链、光纤网络和无线宽带等构成主备多通道，可实现联合指挥中心、发射分队和发射平台间信息的可靠传输。在设备层面，基于VPX的高速总线集成框架，可实现指挥控制、通信控制、测发控制、测量控制、平台控制等多种类设备接口统一、功能集成，信息高速交互。

5.2.2 技术架构

如图5-1所示，航天快响发射指挥信息系统采用资源层、服务层、业务层等架构，针对航天快响发射需求，对各层级要素进行补充和完善。

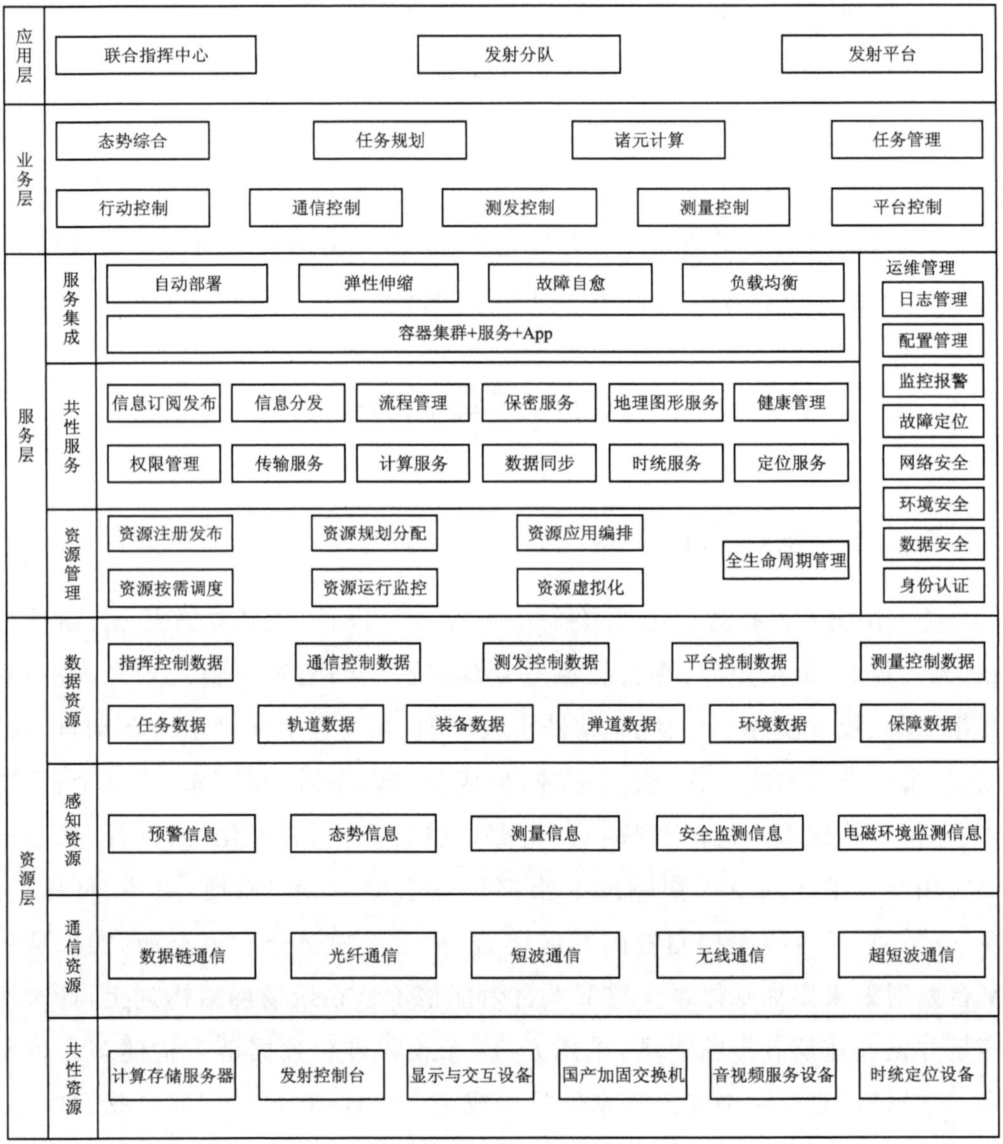

图 5-1 技术架构

资源层提供计算、存储、通信网络等资源基础设施，建立数据服务中心，利用虚拟化技术为整个发射任务提供高性能计算、大容量存储和各指挥节点数据一致性服务，包括共性资源、通信资源、感知资源与数据资源。共性资源主要包括实现上层应用服务的硬件支撑平台，包括计算存储服务器、发射控制台、显示与交互设备、国产加固交换机、音视频服务设备、时统定位设备等；通信资源主要采用数据链通信、光纤通信、无线通信、超短波、短波等通信手段；感知资源主要包括预警信息、态势信息、测量信息、安全监测信息和电磁环境监测信息的采集等；数据资源主要包括基础数据和业务数据，基础数据主要有任务数据、轨道数据、装备数据、弹道数据、环境数据、保障数据等，业务数据主要有指挥控制数据、通信控制数据、测发控制数据、平台控制数据、测量控制数据等。

服务层为发射指挥提供资源管理、共性服务、服务集成和运维管理，实现对各类资源的统一管理调度和负载均衡，软件采用服务总线集成的方式，减少相互间信息流转环节、加快信息流转速度，通过多线程并发技术提高任务指令等强实时要求指令的分发速度。资源管理主要包括资源注册发布、资源规划分配、资源应用编排、资源按需调度、资源运行监控、资源虚拟化以及全生命周期管理等；共性服务提供信息订阅发布、信息分发、流程管理、保密服务、地理图形服务、健康管理、权限管理、传输服务、计算服务、数据同步、时统服务、定位服务等；服务集成以“容器集群＋服务＋App”为平台，将界面、服务、数据和硬件融合集成，具备自动部署、弹性伸缩、故障自愈、负载均衡等特点；运维管理主要负责监控指挥信息系统中各设备的运行状态，提供日志管理、配置管理、监控报警、故障定位、网络安全、环境安全、数据安全、身份认证等服务。

业务层充分继承指挥信息系统的研制成果和融合最新研究成果，主要包括态势综合、任务规划、诸元计算、行动控制、通信控制、测发控制、测量控制、平台控制、任务管理等。

5.2.3 网络部署

如图 5－2 所示，航天快响发射指挥信息系统网络部署在联合指挥中心、发射分队和发射平台，为各级节点提供本地网络连接和网络支撑，各级之间通过通信手段实现网络连接。网络系统需同时满足不同任务模式下的网络接入能力和软件部署要求，确保所有数据、图像、话音的安全交互处理、呈现、存储和应用。综合运用光纤、卫星、无线宽带、短波、超短波等多种通信手段，实现对各通信手段的接入和统一管控、有无线综合组网。

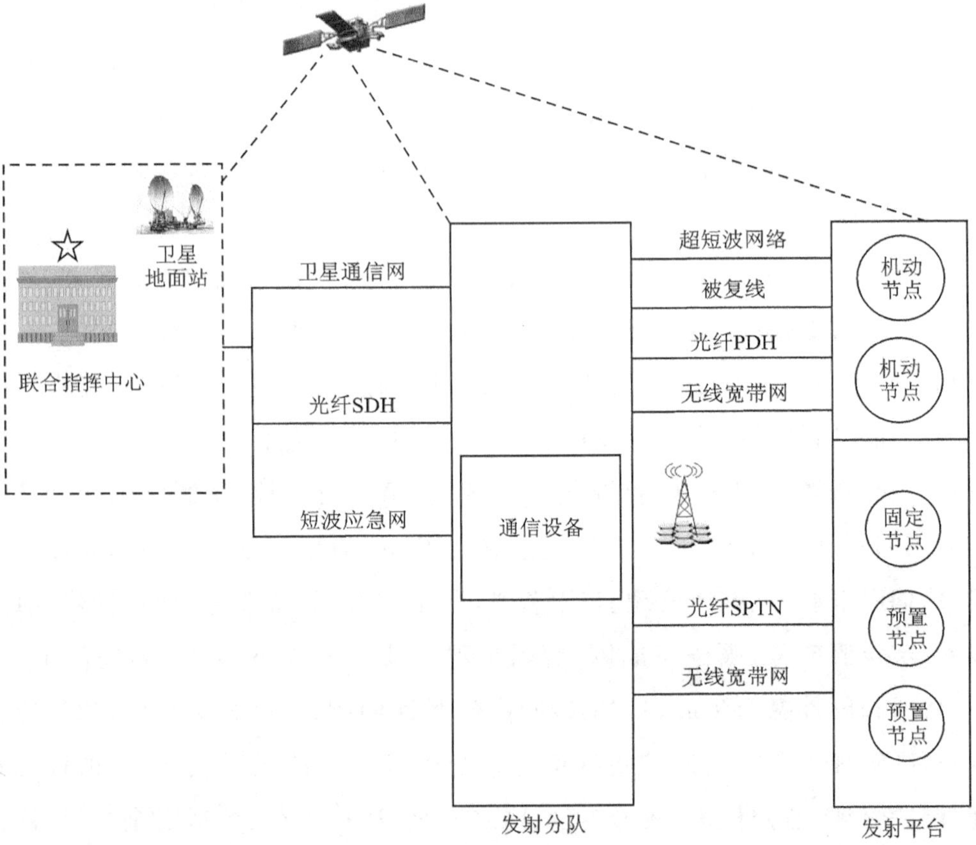

图 5-2 网络部署关系

1. 有线通信网络

(1) 网络连接关系

如图 5-3 所示，有线网络采用光纤通信方式，按照网络分层设计思路，为指挥信息系统建设一张“联合指挥中心—发射分队—发射平台”三级结构的综合性局域网络。

联合指挥中心和发射分队之间通过“光纤构成环+星型”连接。发射分队之间再构建基于 SPTN 智能光网络的万兆光纤互联，从而构成骨干网环网，SDN 控制器部署在联合指挥中心和发射分队各节点上，对全网络进行动态配置调整；前端手拉手网连接所有的固定预置的发射平台。发射分队和发射平

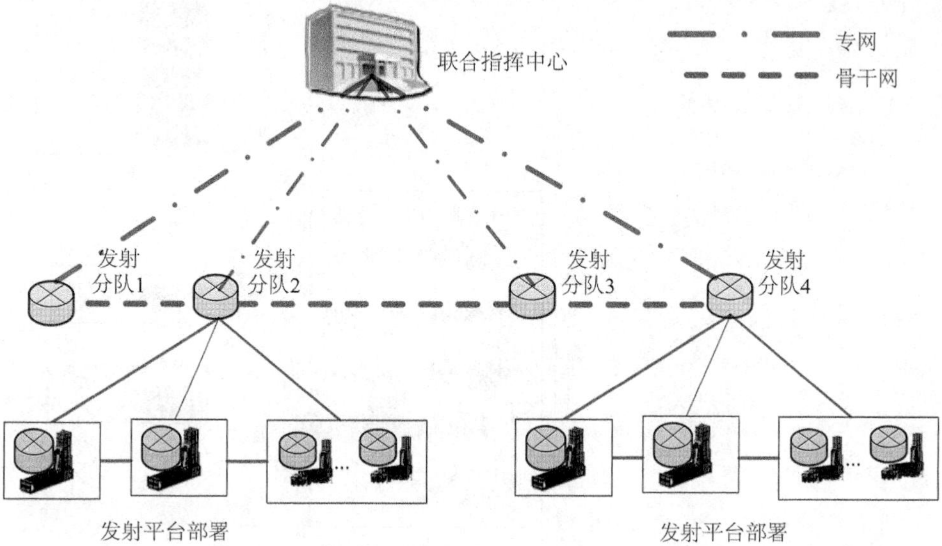

图 5-3　网络拓扑结构

台之间通过光纤构成星型连接，发射平台之间手拉手环接。发射分队利用SDH构建对上级的星型连接，同时挂接在对上网络上。

(2) 网络设备部署

如图 5-4 所示，在联合指挥中心和发射分队采用国产加固交换机构建局域网，并在其间采用网络加密机和路由器实现内外网隔离和跨指挥节点交换。在发射平台采用前端综合控制设备的综合控制板构建发射平台局域网，点位网络设备连接到综合控制设备上实现信息交换。其中，对火箭的网络交换通过发控组合内的交换机实现。SPTN 作为有线主要手段，在联合指挥中心采用双机热备份方式，在发射平台采用 SPTN 板卡，插入前端综合控制机箱。

2. 无线通信网络

(1) 卫星通信网

如图 5-5 所示，可在联合指挥中心和发射分队部署卫星通信设备构建卫星通信组网。通过连接卫星接入站能保障重要点位数据、话音、视频等业务传输，可满足在驻停情况下与上级指挥节点进行话音、数据、图像等信息传递。

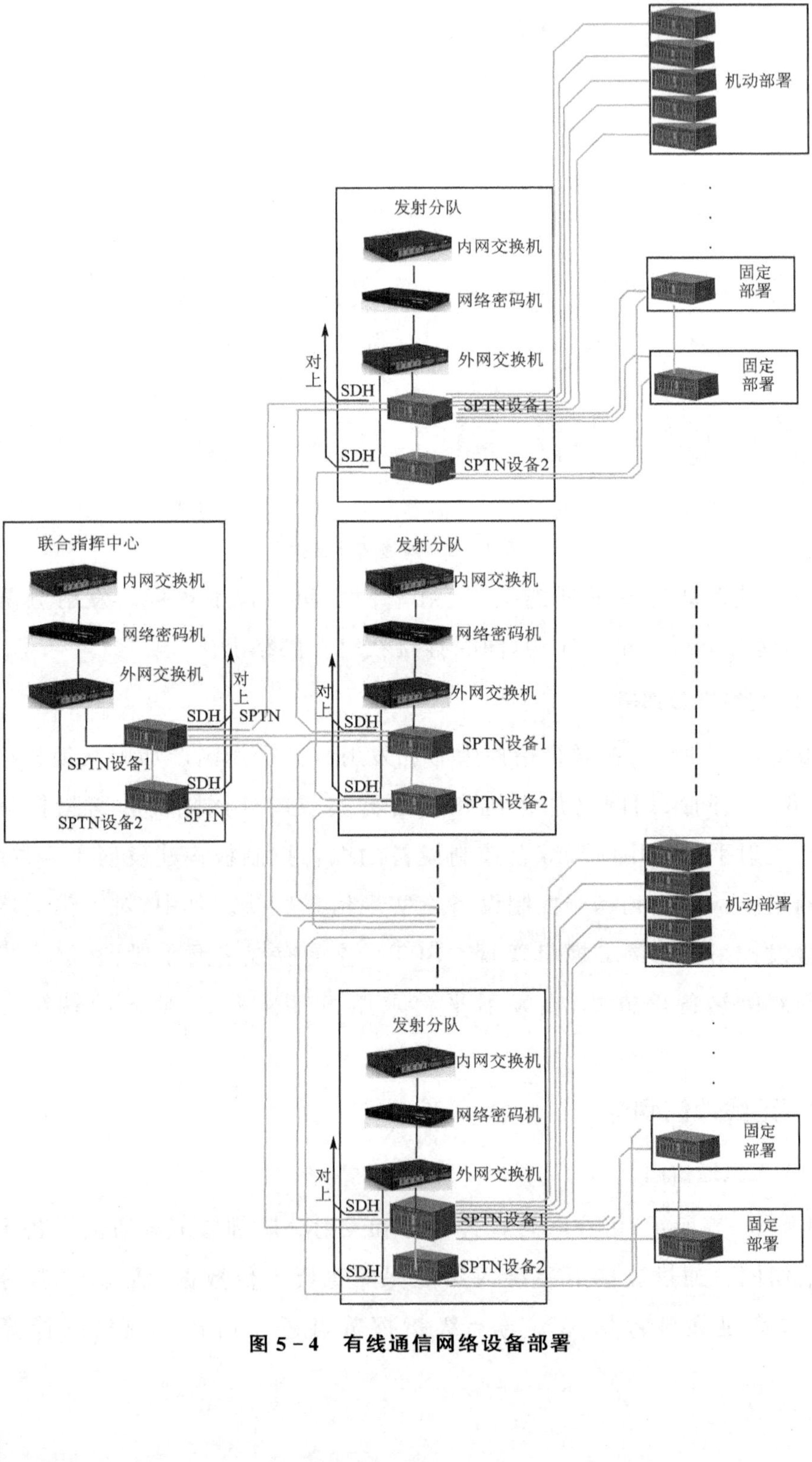

图 5-4　有线通信网络设备部署

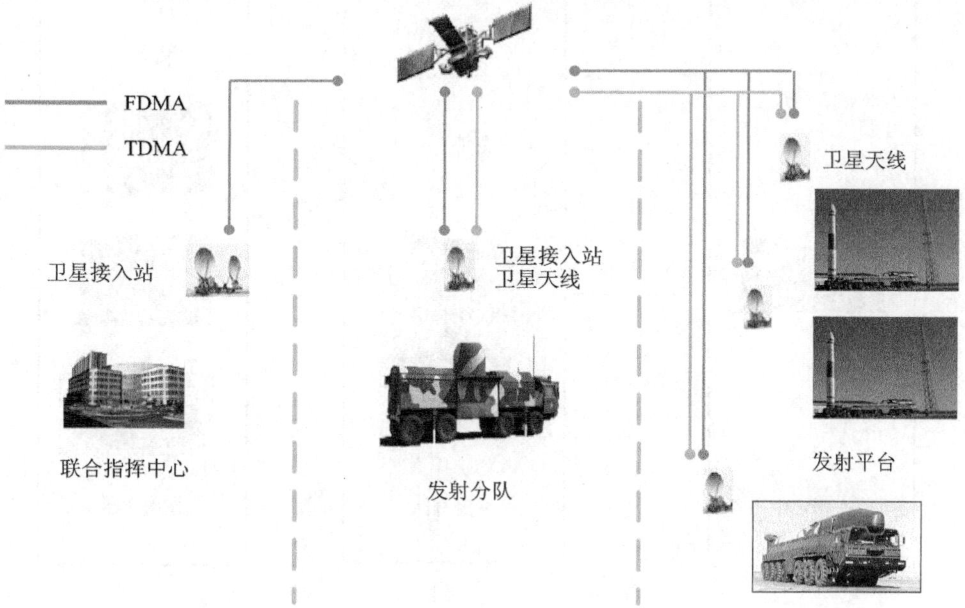

图 5-5　卫星通信组网

(2) 高速无线通信网

如图 5-6 所示，发射分队通信设备配置无线宽带基站，可构建无线宽带移动通信网。通过覆盖实现发射分队、发射平台间的高速宽带无线信息传输(语音、数据、图像等多种综合业务)，从而扩展系统的无线宽带信息传输的能力。在条件允许情况下，无线宽带通信系统可自行组织(NTN)干线网络，并通过发射箱前端无线宽带接入(PMP)至干线网络，实现数据、话音、视频等业务交互。

(3) 短波通信网

如图 5-7 所示，发射分队部署短波电台，包括主机、短波天调，主要用于应急话音和数据通信。短波通信网可提供两种通信体制，保障发射分队与发射平台之间应急通信。

(4) 超短波通信网

如图 5-8 所示，发射分队、发射平台配置超短波电台，构建区域超短波星状网、链状网，具备话音、数据传输功能，支持数话同传。超短波通信网为发

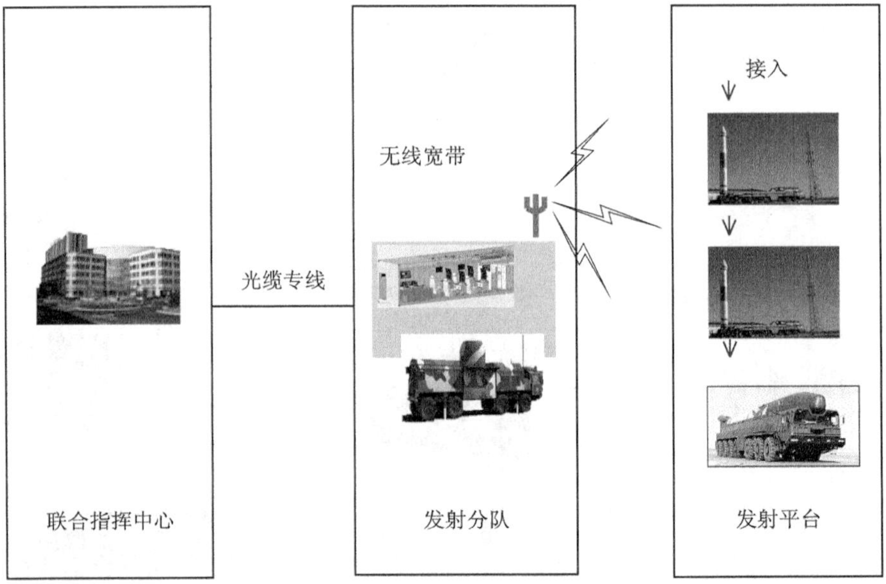

图 5-6 无线宽带通信系统组网

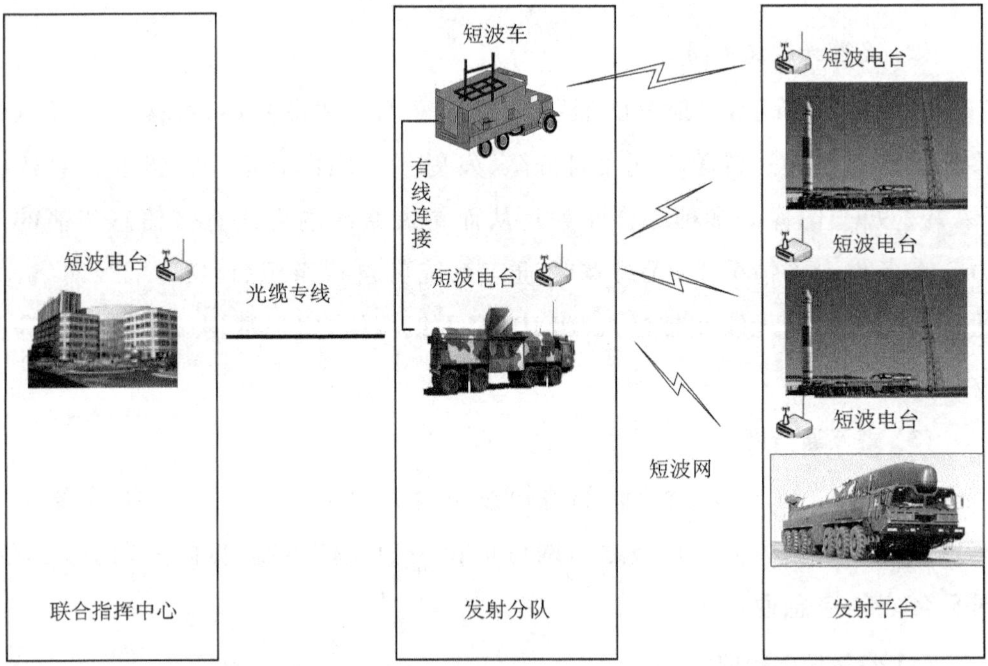

图 5-7 短波通信系统组网

射分队、发射平台之间提供内部通信保障。

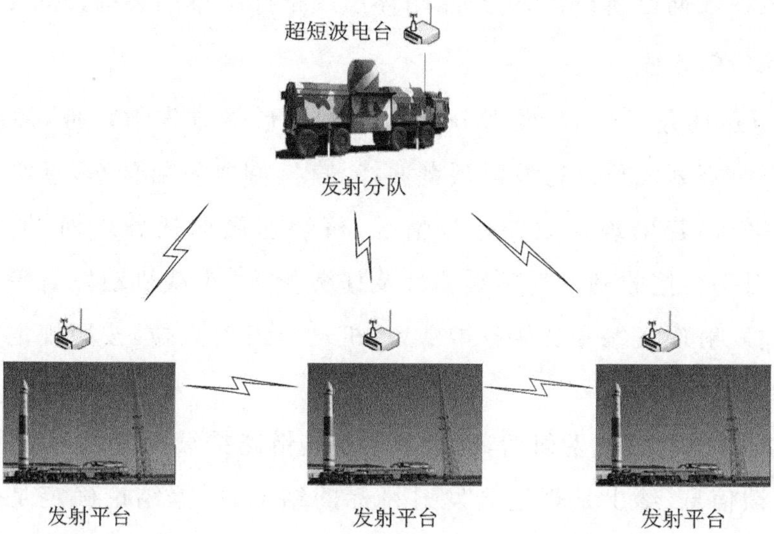

图 5－8 超短波通信系统组网

5.2.4 运用流程

1. 多场联动指挥运用流程

指挥信息系统通过采用大规模预置部署方式，适应多场联动快速发射。平时根据发射任务进行规划，遂行任务时直接选择预案，简化发射使用流程，实现快速发射响应，多波次连续发射。

(1) 平 时

平时，根据发射构想，进行轨道规划、弹道规划、协同规划、行动规划，生成发射预案（明确发射点位、发射平台），提供数据包，并下发至各发射平台。

联合指挥中心下达发射任务，拟制多套发射预案（明确发射平台、发射点位、主备关系、发射时间等），同时生成各火箭诸元文件（或起算文件），将预案相关数据及文件分发至各个对应的前端信息设备，并预置于箭上。

基于指挥信息系统开展训练任务，依据训练计划，由联合指挥中心发起任务训练，进行预案选择并将编号和训练指令分发至各发射分队，发射分队将预案编号和训练指令分发至各个发射平台，各发射平台自动进行本平台装备的测试与演练，并将关键节点数据及结果数据上报至发射分队、联合指挥中心，进行装备数据更新与状态管理，闭环形成指挥决策的装备数据支撑。

（2）遂行任务时

上级下达任务指令后，发射分队和发射平台受领发射任务，逐级开展行动，依据平时规划成果进行发射预案选择，直接调取发射预案，逐级或越级下发至发射平台；若出现预案外任务情况，可快速微调任务规划，更新发射预案。各发射平台接收到发射预案编号及任务指令，车载机动发射平台待机隐蔽，接收到发射预案编号及任务指令后，机动至发射点位，按照规定时间实施火箭发射。

前序发射平台完成发射后，通过测量控制链路持续跟踪评估发射结果，综合各类反馈信息，给出是否达到发射目标的结论，根据结论确定是否按计划进行后续发射。

2. 接替指挥运用流程

接替指挥模式是联合指挥中心或发射分队指挥控制功能受损，不具备对所属发射平台的指挥能力，此时，由其他发射分队接替指挥权限。

指挥信息系统利用大带宽的星加环光纤网络结构，可实现联合指挥中心、发射分队之间数据库实时同步（增量同步）。当感知到某一个节点被毁时，根据事先规定的节点接替优先级顺序，接替节点会自动接管毁损节点的业务，快速建立指挥关系，其系统软件可自动完成指挥权限调整，重新加载指挥对象和通信录等数据，确保发射流程无缝接续。

从接替指挥的对象上看，包括联合指挥中心接替发射分队，某个发射分队接替联合指挥中心两种接替方式。

（1）联合指挥中心接替发射分队

如图 5－9 所示，当某个发射分队失去指挥能力后，联合指挥中心可检测到其失效，并启用本中心对下备份功能，向失效的发射分队控制的发射平台下达接替指挥指令，调整该发射平台和联合指挥中心之间的指挥关系，变为越级指挥，完成接替指挥。

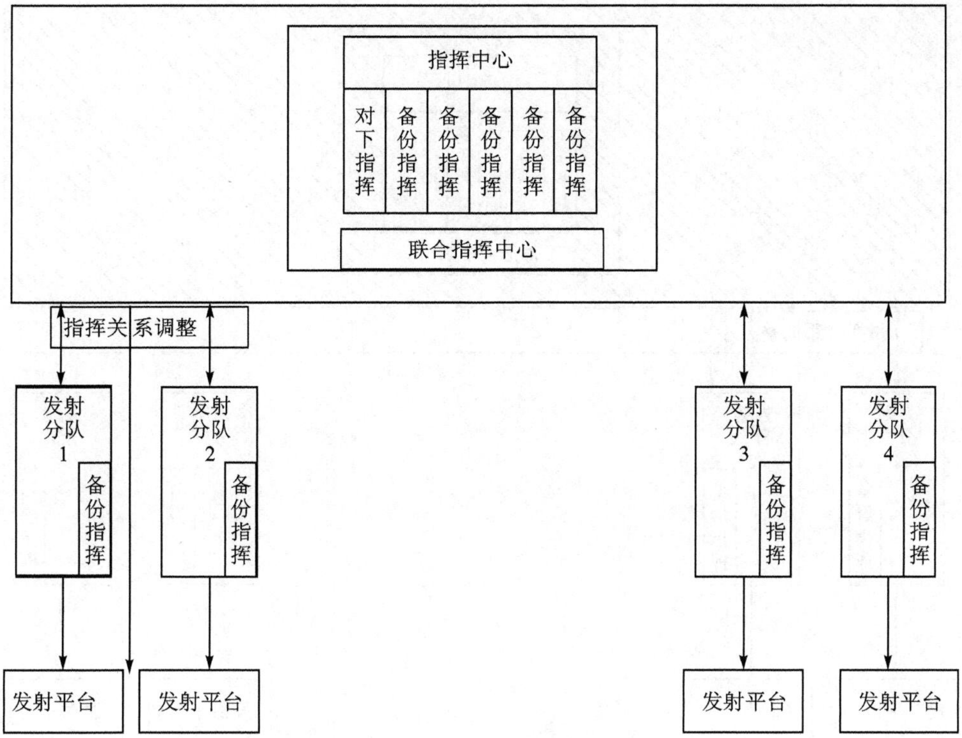

图 5-9　联合指挥中心接替发射分队

(2) 发射分队接替联合指挥中心

如图 5-10 所示，当联合指挥中心失去指挥能力后，指挥员可由联合指挥中心到某个发射分队，通过授权提高该发射分队指挥级别，向其他各发射分队更新指挥关系，完成接替指挥。

3. 信息传输流程

(1) 三级指挥信息传输流程

如图 5-11 所示，是由联合指挥中心、发射分队、发射平台三级构成的指挥信息系统信息传输流程。

联合指挥中心根据发射预案，筹划分解发射任务，制订方案计划、计算装订诸元并确定发射弹道；结合测量控制资源等，绘制任务专题态势图，制定测量控制方案，确定测量参数等；通过数据链/光纤通信网络将方案计划、任务指令、装订诸元、发射弹道、测量参数等分发至发射分队。

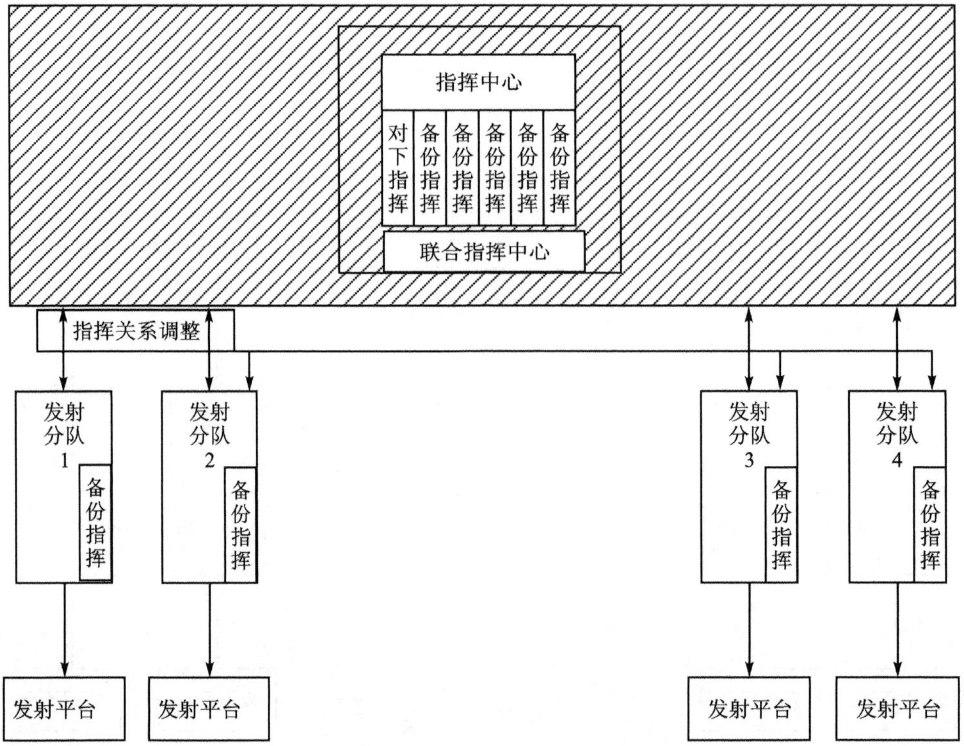

图 5-10　发射分队接替联合指挥中心

发射分队接收到指令与数据后，根据指令内容，将数据信息通过数据链/光纤通信网络下发至指定的发射平台，同时将接收到的测试数据、任务状态、火箭状态、发射车状态、设备状态等上报至联合指挥中心。

发射平台接收到发射分队指令与数据后，进行综合处理与系统控制，按照发射/测试程序向指挥控制设备、测发控制设备、平台控制设备、通信控制设备、测量控制设备发送方案计划、任务指令等，实现对火箭的配电、控制、数据记录与上传、电池激活、发射和平时惯组标定自检，以及发射平台的展开与撤收、供配电控制和电磁环境监测等。在发射/测试程序过程中，发射平台需在火箭配电、起竖、电池激活、发射等关键节点以及平时测试项目结束时向发射分队、联合指挥中心上报当前状态数据和判定结果。

(2) 两级指挥信息传输流程

如图 5-12 所示，联合指挥中心/发射分队根据发射预案，筹划、分解发射

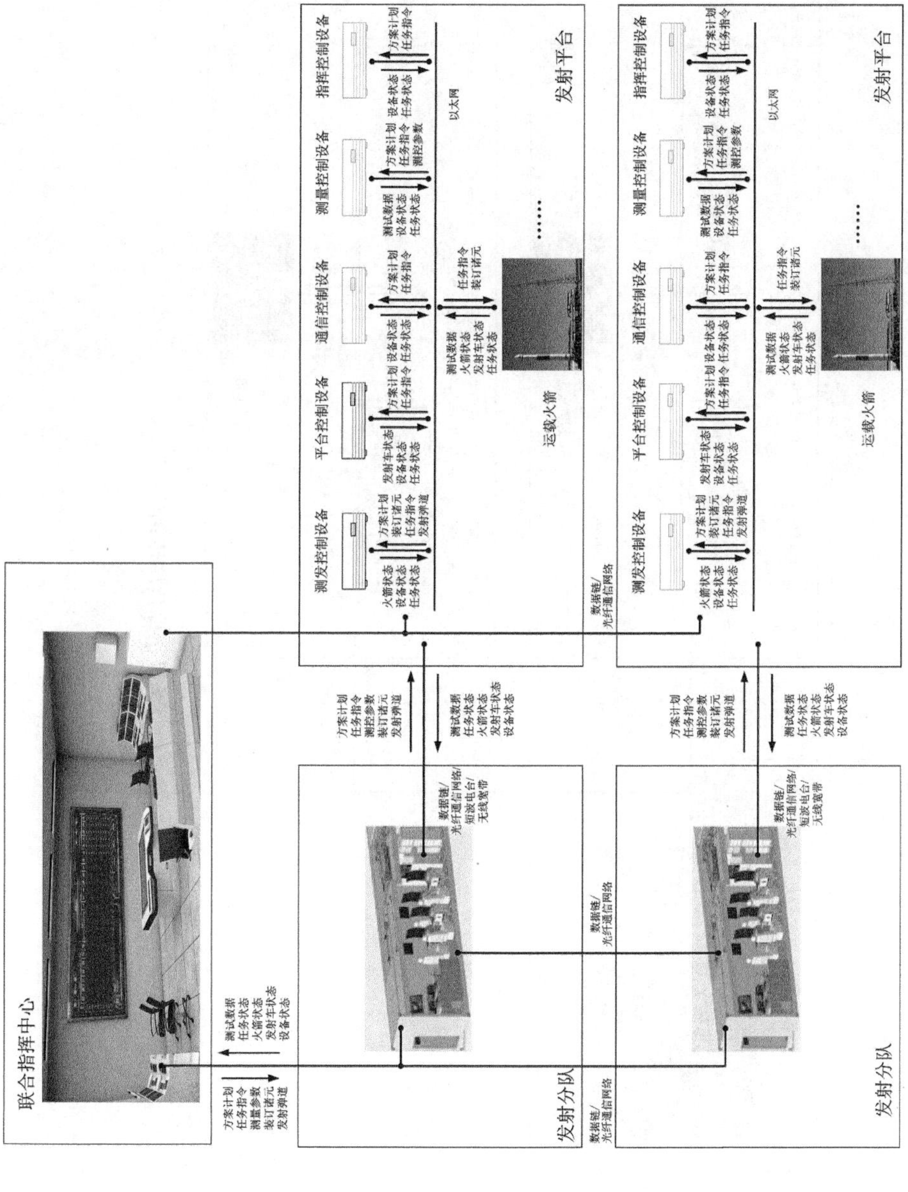

图5-11 三级指挥信息传输流程

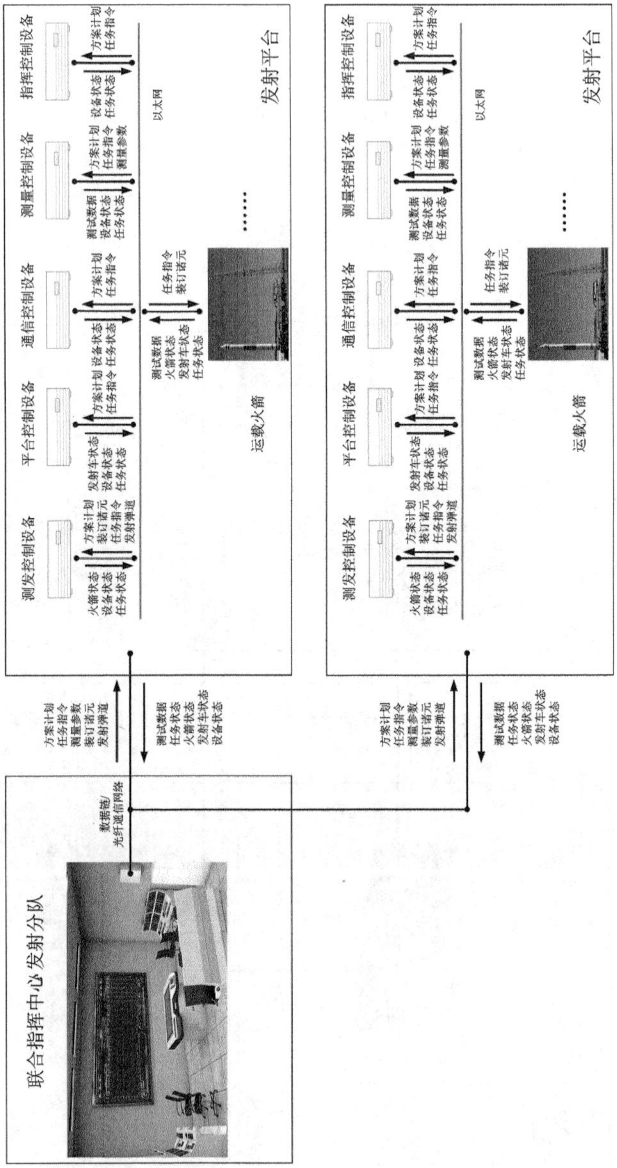

图5-12 两级指挥信息传输流程

任务，制订方案计划、计算装订诸元并确定发射弹道；结合测量控制资源，绘制发射专题态势图，制定测量控制方案，确定测量控制参数等；通过数据链/光纤通信网络将方案计划、任务指令、测量参数、装订诸元、发射弹道等分发至发射平台。

发射平台接收到联合指挥中心/发射分队指令与数据后，进行综合处理与系统控制，按照发射/测试程序向指挥控制设备、测发控制设备、平台控制设备、通信控制设备、测量控制设备发送方案计划、任务指令等，实现对火箭的配电、控制、数据记录与上传、电池激活、发射和平时惯组标定自检，以及发射平台的展开与撤收、供配电控制和电磁环境监测等。在发射/测试程序过程中，在火箭配电、起竖、电池激活、发射等关键节点以及平时测试项目结束时向联合指挥中心/发射分队上报当前状态数据和判定结果。

5.3 硬件方案

5.3.1 系统组成

1. 设备组成

如图 5-13 所示，航天快响发射指挥信息系统设备分为后端信息设备和前端信息设备，分别布置于联合指挥中心、发射分队和发射平台。

2. 设备连接关系

如图 5-14 所示，前端信息设备主要指布置在发射平台的信息设备，各设备通过交换机互联，在信息管理终端汇聚处理和分发信息。如图 5-15 所示，后端信息设备分布在联合指挥中心和发射分队。

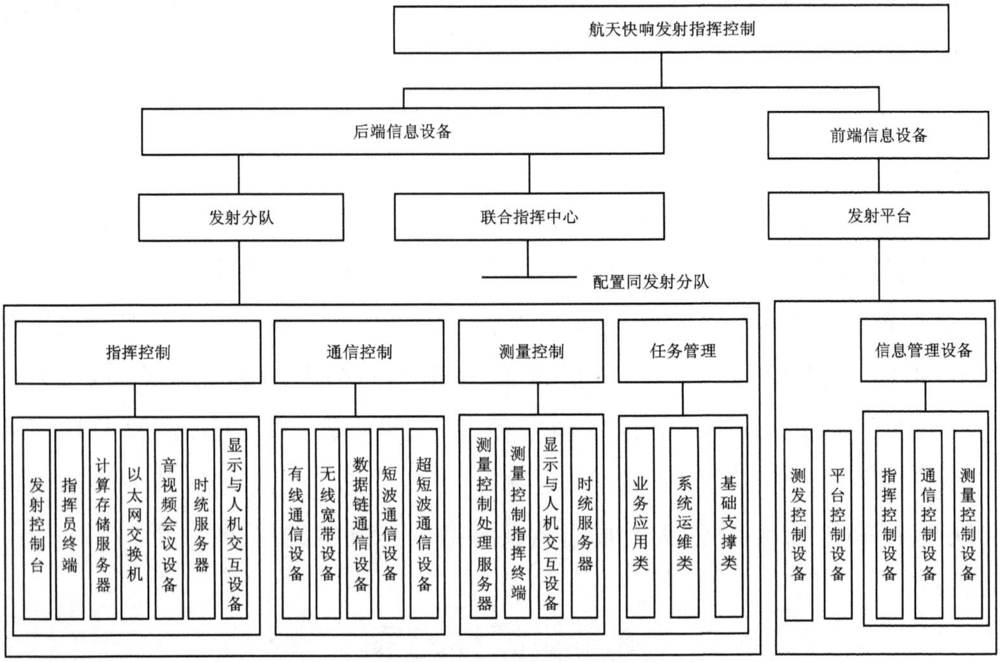

图 5-13　航天快响发射指挥控制设备组成

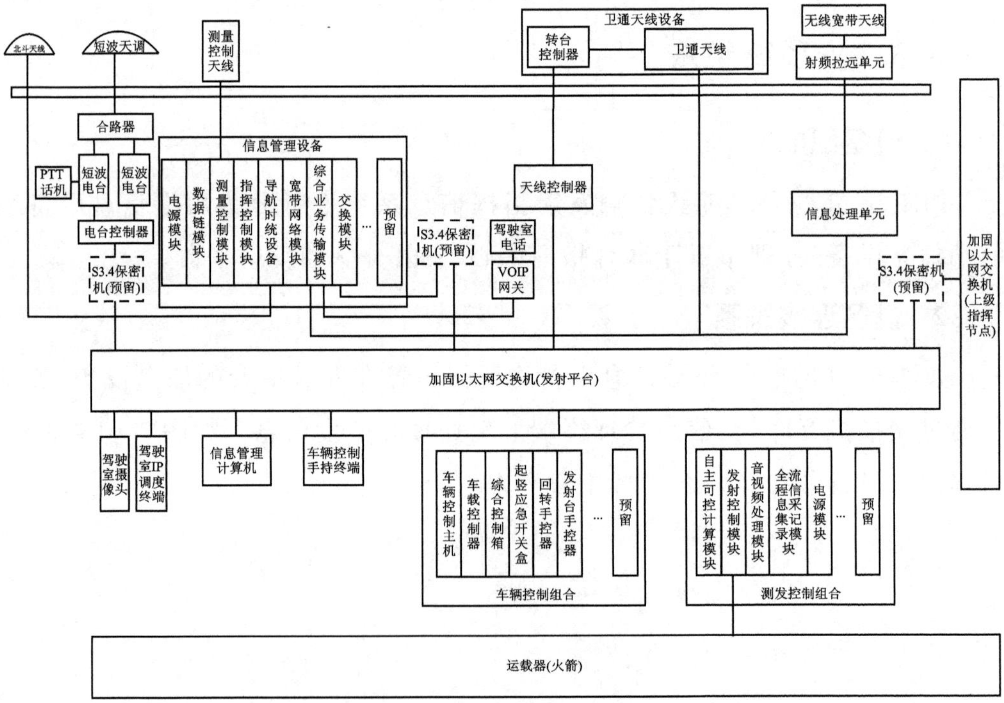

图 5-14　前端信息设备组成

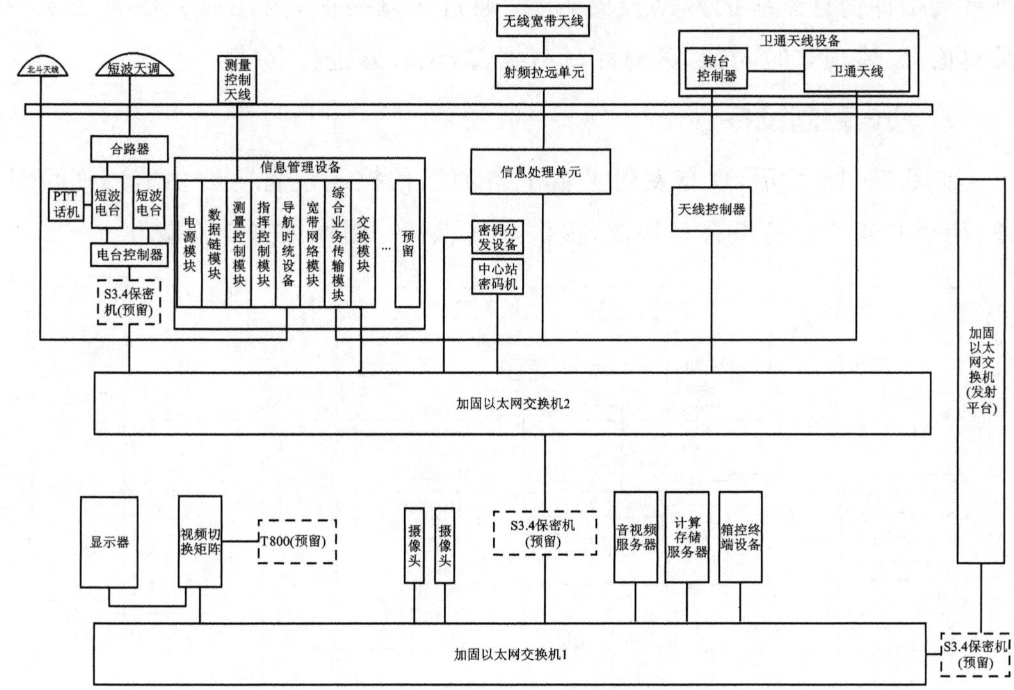

图 5-15　后端信息设备组成

5.3.2　前端方案

前端信息设备安装于发射平台，接收后端指令，完成发射平台控制、火箭测试与发射任务，并实时监控接收火箭飞行状态；与后端信息设备基于有线光纤链路和无线链路同时通信，确保发射指挥不中断。前端信息设备主要包含指挥控制设备、通信控制设备、测量控制设备、测发控制设备、平台控制设备。

1. 指挥控制设备

指挥控制设备安装于发射平台上，采用便携式加固笔记本形式，运行行动控制、系统管理等软件。该设备接收联合指挥中心、发射分队的任务指令，实施火箭发射控制、发射数据更新与存储；可通过以太网接口实现与通信控制、测发控制、平台控制、测量控制等设备的组网数据交互；可通过有线和无线链路实现与后端指挥信息系统和其他前端信息设备的数据交互；可通过时统接收后端指挥信息系统的网络授时，也可通过天基授时，为用时设备发布统一时间信息，体现守时功能；可对测试数据、测试日志进行存储。

2. 通信控制设备

如图 5－16 所示，现有发射平台配备的通信控制设备主要由有线通信设备、超短波通信设备组合等构成，提供数据、话音、图像信息传输服务。

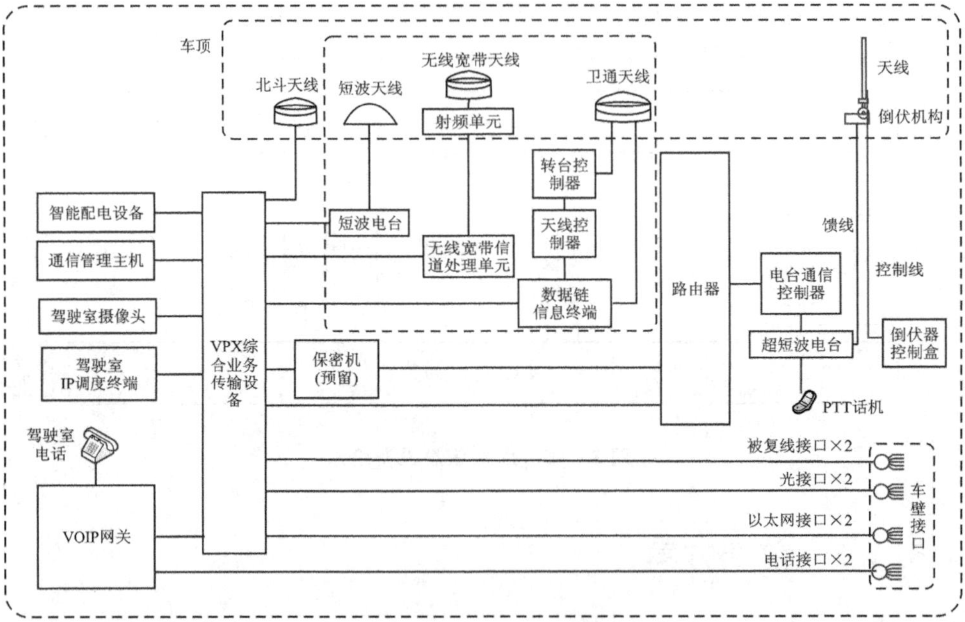

图 5－16　通信设备连接

根据指挥信息系统功能需求，现有发射平台通信控制设备尚需加装卫星通信设备、无线宽带设备（抗干扰）和短波通信设备，并升级通信控制软件，才能具备多种备份的通信网络与指挥控制设备，从而构成可靠的铰链平台，满足航天快响发射各种应用场景的通信保障需求。

3. 测量控制设备

如图 5－17 所示，测量控制设备由测量控制终端和测量控制天线组成。测量控制天线在跟踪模式工作，按火箭飞行弹道对火箭进行跟踪，保持遥测信号的连续性。测量控制设备将接收的飞行火箭下传的火箭工作状态信息转发给指挥控制设备，使其成为指挥决策的信息依据之一；测量控制设备也可以根据需要向箭上发射遥控(如安全炸毁)指令。

测量控制设备可与指挥控制设备、通信控制设备进行集成设计,这样有利于指挥员把握全局态势。测量控制设备在火箭飞行主动段前段实时获取火箭飞行状态,并通过数据链等通信手段与联合发射的发射平台和联合指挥中心共享信息。在发射异常等情况下,触发备份发射平台快速启动发射流程,精简上报下传环节,大幅缩短反应时间。

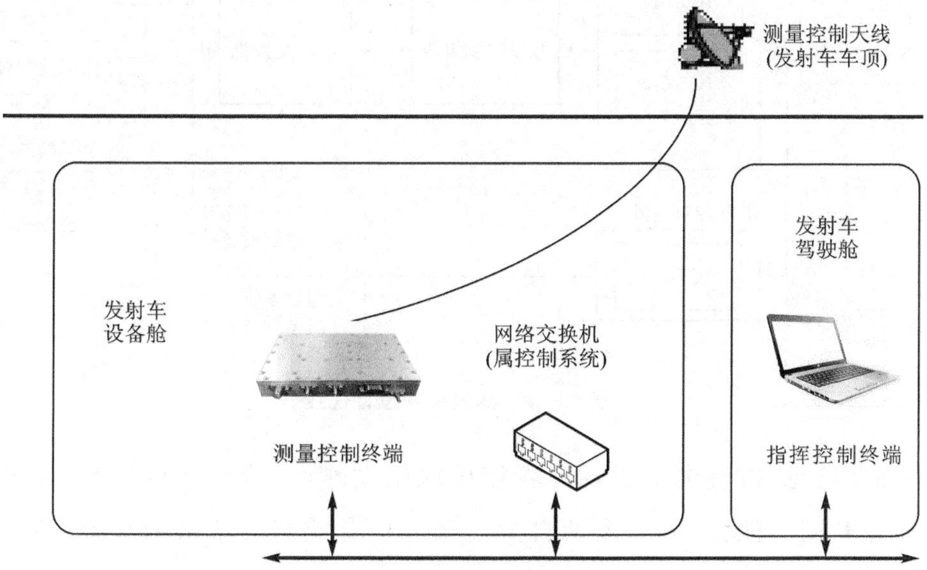

图 5-17　测量控制设备连接

4. 测发控制设备

如图 5-18 所示,测发控制设备由发射平台供电,以测发控制主机为指挥调度中心。测发控制主机通过以太网交换机保持与测试控制仪、车载测量控制系统的信息传递,间接通过测试控制仪保持与瞄准系统的信息传递。测发控制主机接收来自指挥控制设备的数据,对其进行分析处理,同时对测试控制仪、配电控制仪进行调度管理,从而完成对运载器的测试与发射控制。测发控制设备通过配置千兆以太网接口与指挥控制设备通信。

5. 平台控制设备

平台控制设备作为发射平台的重要组成部分,通过接收上位机的指令,采

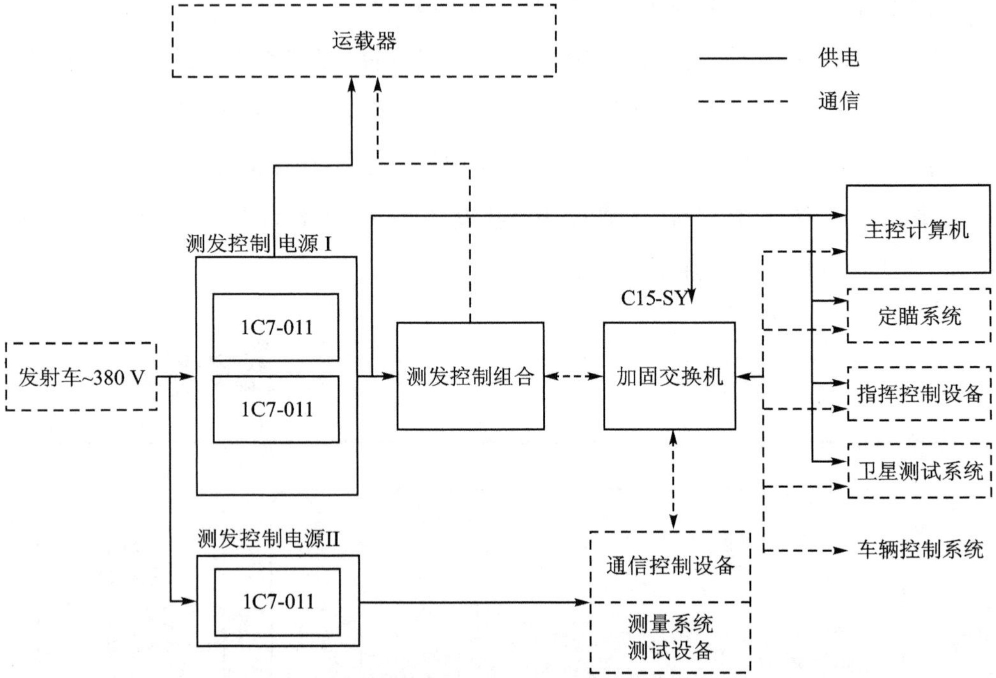

图 5-18　测发控制设备连接

集传感器信息，控制电动机构或者液压阀组动作，完成整平台调平、起竖、回抱、舱盖开闭等任务，同时反馈自身信息。平台控制设备采用基于成熟车载控制器的 CAN 分布式控制拓扑结构，并通过总线的形式互联。控制软件集成于平台控制主机，平台控制主机对系统功能进行统一管控。平台控制主机通过以太网与测发控制系统进行通信，同时在发射平台左后部设置平台控制终端，提供人机交互界面。

5.3.3　后端方案

后端信息设备安装于联合指挥中心、发射分队，配置指挥控制、通信控制、测量控制、任务管理等设备，可以在固定地域部署，也可实现遂行机动发射。

1. 指挥控制设备

指挥控制设备主要由发射控制台、指挥员终端、计算存储服务器、时统定位设备、音视频会议设备、以太网交换机、显示交互设备等构成。

（1）发射控制台

发射控制台具备任务规划、诸元管理与预置、远程综合监控、火箭测试、发射控制等核心业务功能，同时具备全流程信息记录、防拆卸等支撑功能，可确保核心业务的高可靠、高安全运行。

（2）计算存储服务器

计算存储服务器的主要功能包括计算、存储、安全防护与数据综合运用。计算存储服务器可为系统提供稳定可靠的基础运行环境，满足各业务后台服务软件、终端操作软件的实时计算能力需求，具备多级冗余、高效容错机制，满足指挥信息系统长时间持续不间断运行的需求；具有大容量数据存储功能，可完成各类数据长期记录和可靠存储，提供大容量、可靠的数据存储服务；支持统一存储管理，可以进行系统存储容量的扩充。通过数据分级保护、数据冗余防护、一致性比对等手段实现数据的安全防护；通过数据分析技术和人工智能分析技术可实现信息综合处理、挖掘预测分析、智能处置决策等数据分析能力。

计算存储服务器采用双冗余交换网络的互联传输方式，计算和交换可构成主、备用拓扑结构，以提高系统的可靠性；采用高可靠的软硬件冗余构架和内嵌可信技术体制构建。通过节点间冗余、系统级冗余等机制实现多层冗余架构；系统根据应用需求可灵活配置和组合，具有很好的通用性与可扩展性，可以为指挥控制系统提供服务器级数据处理服务。

（3）以太网交换机

以太网交换机包括内网交换机和外网交换机。采用两台交换机构建局域网，并在之间采用网络加密机和路由器以实现内外网隔离和跨指挥所交换。以太网交换机可为联合指挥中心、发射分队提供本地网络连接和网络支撑，实现各级之间网络连接。

（4）音视频会议设备

如图 5－19、图 5－20 所示，音视频会议设备由音视频设备和 IP 话音设备组成。音视频设备包括音视频采集设备（摄像头等）、音视频服务器、音视频终端等；IP 话音设备由融合通信网关、综合语音终端构成。

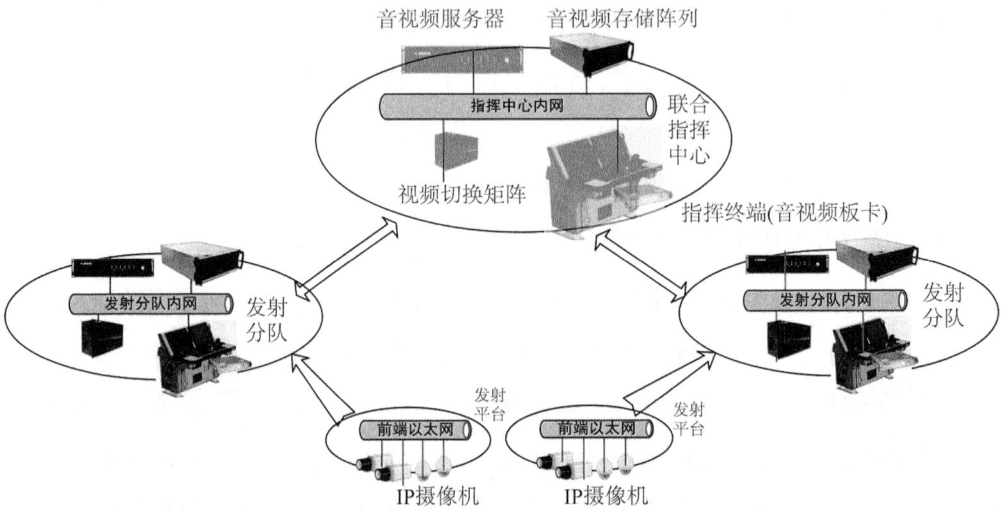

图 5-19　音视频设备对下连接部署

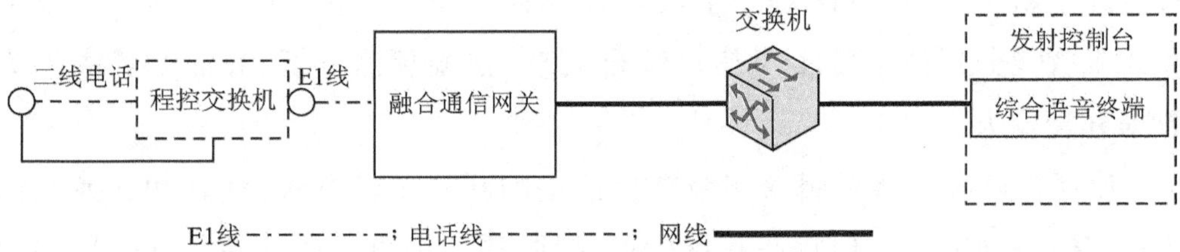

图 5-20　综合语音终端与程控电话互联关系

音视频会议设备满足系统视频监控、音视频指挥功能需求，集音视频呼叫、调阅，电话指挥，内部通话，话音调度等多种功能于一体，主要功能包括：音视频会议、视频指挥、视频监控、程控电话等。

(5) 时统定位设备

如图 5-21 所示，时统定位设备分为守时设备和授时设备，守时设备采用高精度铷原子时钟，授时设备采用北斗时统定位服务器。

时统定位设备具备星基无线电、地基有线网络时统时间同步、守时和授时能力。系统采用标准时间(UTC)作为统一的时间基准。联合指挥中心高精度时统设备通过 B 码或北斗系统获取标准时间，在联合指挥中心内部通过 NTP 协议向本级的服务器、计算机终端等用时设备授时。联合指挥中心向下级通过 PTP 协议进行跨级授时。B 码或北斗系统异常时，高精度时统设备通

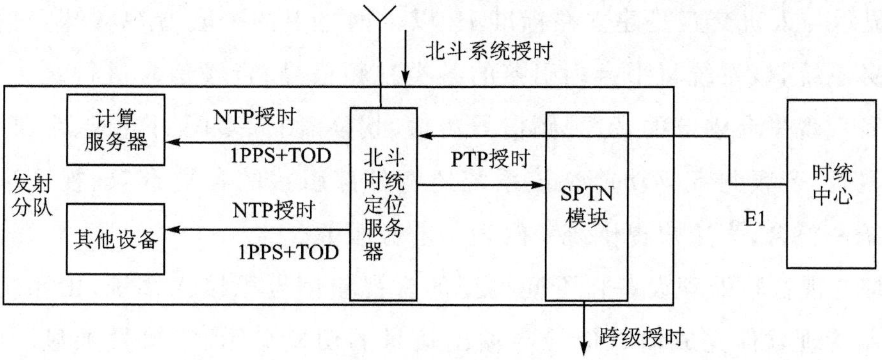

图 5-21　授时流程

过铷原子时钟守时。

(6) 显示交互设备

如图 5-22 所示，显示交互设备主要包括综合视音频处理设备、大屏显示器等，融合了视频矩阵、视频拼接器、网络视频编解码器、字幕叠加机、音频混音器、音频矩阵等设备功能于一体。

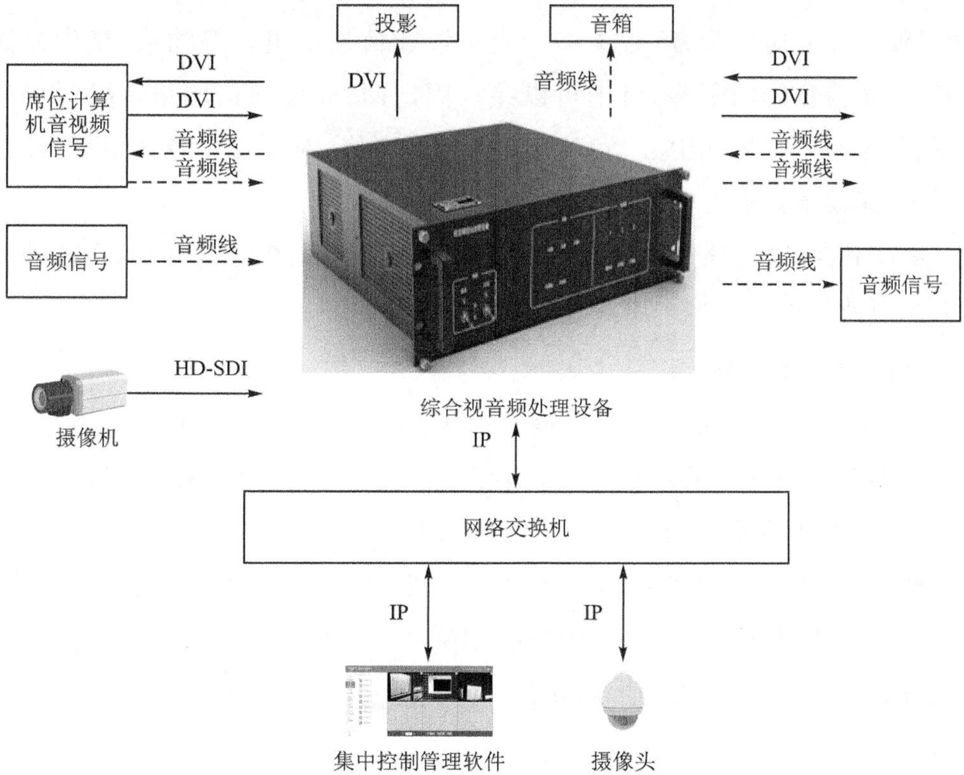

图 5-22　显示交互设备连接

显示与人机交互是建立在标准 IP 以太网之上的一套音视频综合信息管理服务系统，该系统将平台内引接的各类视频信号、音频信号进行统一接入，使设备实现平台内部的音/视频信号传输、切换、图像多画面合成、字幕叠加、音频混音、音频调音等功能。该系统还将外部引接的各类音频、视频进行标准化统一整合，为用户提供统一管理与业务服务。

综合视音频处理设备将不同类型的音视频信号源接入系统，由系统的集中控制管理软件完成输入信号与输出信号的切换显示、字幕叠加显示、多画面合成显示，声音通道切换、多路声音混音输出、音量大小调节、静音控制。系统提供 IP 网络接口，可实现接入音视频信号进行编码传输，能对网络中的视频信号进行解码显示输出，音频信号进行解码输出播放等综合业务管理控制。

2. 通信控制设备

通信控制设备主要由数据链设备（含天馈）、有线通信设备、无线宽带设备（含天馈）、短波通信设备（含天馈）、超短波通信设备组合等构成，提供数据、话音、图像信息传输服务，对上可以接入固定网、应急通信网络，保证任何条件下、全天时联合指挥中心、发射分队的通信联络；对下支持各发射平台之间的有线/无线指挥能力。

发射平台以数据链为基本通信手段，以 SPTN 光纤通信网、无线宽带、超短波及短波为备份通信手段。

(1) 光纤通信设备

光纤通信设备主要由 SPTN 设备组成，可在联合指挥中心部署 SPTN 设备互为备份。SPTN 设备包含交换管理板、SPTN 控制板、SPTN 接口板，可提供 SDH 光传输接口，光传输口和万兆光口。

光纤通信设备主要用于联合指挥中心、发射分队、发射平台之间的通信数据传输，其通过采用 SPTN 骨干传输，解决联合指挥中心、发射分队与发射平台之间的有线连接需求，并且支持 SDH 接入，可用于兼容引接其他业务光缆。

SPTN 设备具体功能如下：具备光纤链路状态及通信质量的自动感知，具备全网集中式路径规划，抗毁自动重组；支持数据、语音、视频统一承载，支持分等级的管道化保障，结合业务通信质量需求与信道资源情况，实现通信链路全局优选及自动切换。

（2）卫星通信设备

卫星通信设备包含卫星天线、天线控制单元、天线驱动单元、分合路器、功放、信道终端、密分设备等。

卫星通信网络可满足与其他通信节点进行话音、数据、图像等信息传递。

卫星通信设备具有如下功能：支持数据、话音、视频业务传输；可实现上联、下联不同频段不同方向多套卫星网同时工作；具备卫星动中通天线，开机即可自动对星，提供一键对星，实现卫星通信组网；对上具备加入上级通信节点地面卫星站的能力；配备通装卫星信道终端，可实现越级指挥；信道终端统一和通信控制系统相连接，上位机可以对信道终端的工作状态进行监测和设定，并可对卫星天线进行监测和控制。

（3）高速无线通信设备

发射分队附近覆盖无线宽带基站，通过覆盖实现发射分队与发射平台间的高速宽带无线信息传输（语音、数据、图像等多种综合业务），扩展系统的无线宽带信息传输系统的能力。在条件允许情况下，无线宽带系统可自行组织（NTN）干线网络，并通过前端无线宽带接入（PMP）至干线网络，实现数据、话音、视频等业务交互。

无线宽带基站采用射频和基带分离设计，主要由无线宽带一体化基站单元、无线宽带射频、无线宽带天线、GPS/北斗天线组成。无线宽带基站具体功能如下：支持无线宽带接入和级联组网功能，可根据使用需求灵活配置 NTN 或 PMP 模式；具备无线资源管理功能；具备 IP 地址管理功能；具备对系统内的话音、数据、视频传输鉴权保护的能力，支持视频调度，完成网内用户的视频调度；具备 QoS 服务；支持 GPS 和北斗同步、定位；支持保密接口。在发射分队的无线宽带基站增加 NTN 级联射频单元，用于实现基站间的自组网级联传输。

(4) 短波通信设备

短波通信设备主要用于应急话音和数据通信。

短波通信网络作为应急通信手段,可以保障发射分队与发射平台之间的应急通信。短波通信采用通装短波通信技术体制,具有短波综合业务网接入能力,对上可接入短波网。短波通信信道不少于1路,并且具备无盲区通信能力。

(5) 超短波通信设备

超短波通信设备为发射分队和发射平台之间提供内部通信保障。超短波通信设备配合超短波功放和超短波天线(增配天线合路器)使用,具备TCR171超短波电台功能,兼容Link波形、64K波形和X模式,符合新通体制,在典型山区环境下通信距离不小于15 km,最大传输速率不小于19.2 kbps。发射分队具有3路超短波通信能力,可构建区域超短波星状网、链状网,具备话音、数据传输功能,支持数话同传。

5.4 软件方案

软件方案充分考虑航天快响发射特点,在保留现有人员岗位和席位设置的习惯基础上,从系统设计层面整合指挥控制、测量控制、通信控制、测发控制、平台控制功能,通过基于统一的技术体制、消息流转、数据传输、用户角色,实现不同席位的操作界面按照用户角色无缝切换、消息数据实时流动、显示内容同步联动,让不同席位的操作人员在统一的工作空间下协同完成任务。

5.4.1 软件架构

如图5-23所示,系统软件采用资源层、服务层、业务层架构,针对航天快响发射需求,对各层级进行补充和完善。

资源层包括硬件资源、通信网络资源、态势感知资源和数据资源;服务层包括容器云平台、界面集成框架、服务集成框架、二三维地理信息平台、消息

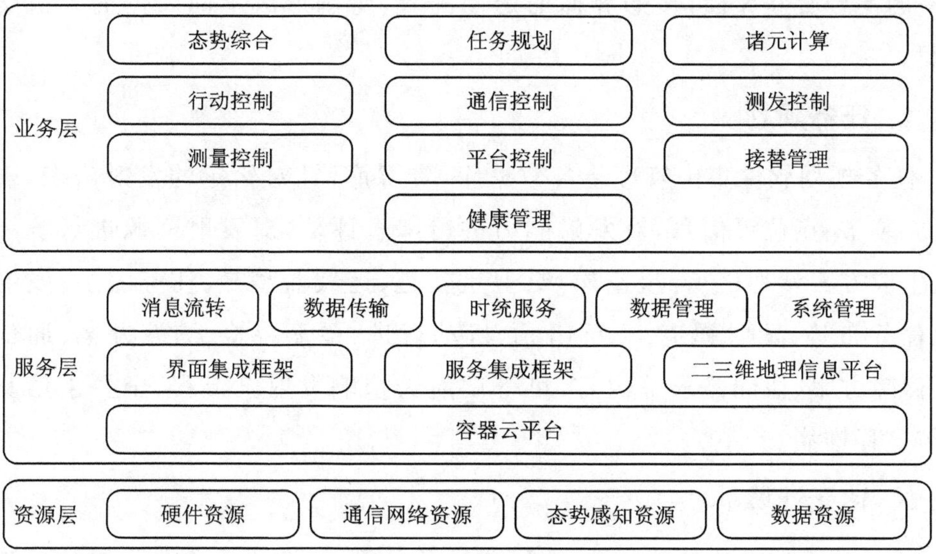

图 5-23　系统软件架构

流转、数据传输、时统服务、数据管理、系统管理；业务层包括态势综合、任务规划、诸元计算、行动控制、通信控制、测发控制、测量控制、平台控制、接替管理、健康管理。

5.4.2　业务层

1. 态势综合

态势综合软件主要包括态势生成软件和信息显示软件。

(1) 态势生成

态势生成软件利用发射任务信息、方案计划信息、指令文书信息、任务状态信息、遥外测处理信息、指挥链路信息等数据，基于地理信息数据，从全局视角、任务视角、装备视角等多视角，开展二三维态势显示，为指挥员提供全面直观的信息支撑，从态势中提取目标信息，辅助指挥员通过可视化方式下达任务指令。

(2) 信息显示

信息显示软件按照统一的框架和风格，为全系统后台服务软件提供集中统一的前台交互界面，按照界面的定制配置，定制形成不同岗位的人机交互界面。

2. 任务规划

任务规划软件集中管理装备数据库、资源库，针对给定的发射需求，现有人员、装备、点位等信息，对发射能力进行综合评估，对发射资源进行统一调度，生成方案计划；包含星座构型、卫星轨道、运载器型号、任务编组、发射波次、任务布势、发射弹道、飞行诸元、机动行进、星箭装检、测控方案、通信方案、保障方案、协同需求等内容，可开展航天快响发射全流程、全要素仿真计算与过程推演。

3. 诸元计算

诸元计算软件的功能如下：飞行程序角计算；一级飞行阶段程序角三次曲线拟合计算；末助推第一次、第三次工作椭圆转移轨道参考轨迹计算；标准弹道计算时所用风场数据输出；计算发射延时时间对应的升交点赤经和入轨点幅角数组；末级满载质量输出；理论射向计算；计算窗口前沿理论点火时间；输出一、二级分离高度，二级耗尽至二级分离滑行时间，二级分离至抛罩滑行时间；输出末助推第二次开机前滑行时长、末助推第一次开机时长、末助推第二次开机时长、末助推第一次关机时刻、末助推第二次关机时刻；输出末助推第四次开机前滑行时长、末助推第三次开机时长、末助推第四次开机时长、末助推第三次关机时刻、末助推第四次关机时刻；计算并输出末助推第一次、第二次、第三次与第四次关机时刻及相应轨道根数；输出末级第一次点火时刻的俯仰角、偏航角；计算末级第二次点火时刻的俯仰角、偏航角、第二次开机阶段俯仰角变化率均值；输出末级第三次点火时刻的俯仰角、偏航角；计算末级第四次点火时刻的俯仰角、偏航角、第四次开机阶段俯仰角变化率均值；计算末级第一次关机时刻导航系下加速度三分量；其他约定的装订诸元参数生成。

4. 行动控制

行动控制软件协同指挥决策、测量控制、通信控制和测发控制等软件，受领发射任务，快速制订临机计划，下达任务指令和装订诸元，指挥协调发射平台按照既定设置快速进入发射流程并完成发射，开展任务状态监视与效果评估。

(1) 指挥协调

实现航天快响发射任务指令文书、指令计划、诸元文件的上传下达。

(2) 状态监视

实现航天快响发射任务状态的实时监视与异常告警。

(3) 效果评估

实现航天快响发射任务装备级、场区级和任务级的效果评估。

(4) 临机处置

实现航天快响发射任务临机计划调整和应急干预。

5. 通信控制

通信控制软件对内构建数据、话音等数据链路网，对外利用有线和无线加密信道构建指挥通信网，实现定位授时、高服务质量的数据、话音视频路由交换与管理等功能。通信控制软件主要包括 SPTN 综合嵌入式软件、SPTN 综合 FPGA 软件、时统综合处理逻辑软件、时统综合处理应用软件等。

(1) 资源管理

对通信控制系统设备进行远程配电控制管理。

(2) 安全管理

实现数据加密的能力。

(3) 网络规划

支持多种通信链路，支持通信链路自组网。

(4) 网络配置

同时接通多种通信链路时自动择优，选择传输速率、质量更优秀的通信链路，也可手动对通信链路进行选择。

(5) 网络监视

可监视各通信链路传输状态，实时掌控链路传输速率、质量等的状态。

(6) 态势呈现

可视化管控,即通过简化软件设置,屏蔽无关联的信息,实现操作的简单可靠,可视化管控具有通用传输能力。

(7) 通信服务订阅

可通过导航时统进行授时、导航,具备守时能力,具备生成日志能力,可对关键数据进行存储、回溯。

6. 测发控制

测发控制软件包括主控软件和测试控制软件。

主控软件的主要功能包括:接收测试控制软件发送的箭上状态信息;等效自检;软件升级和版本查询功能;AC/DC、DC/DC 检漏电;箭上配电与断电;箭地对时;火工品/发动机转工作、转安全、运载器复位;箭上单机自检结果获取;惯测组合脉冲数监测;姿控压力监测;GPS 测试、GPS 地面测试;控制分系统测试:舵系统测试、姿轨控系统测试、一级极性自毁检查、二级极性自毁检查、三级极性自毁检查、末级滑行段极性检查、末级助推段极性检查、门槛检查;全系统总检查:集成测试、飞行测试、全流程仿真;射前精度修正;正式发射流程控制;地面守时发射;配合瞄准系统完成瞄准操作,获取瞄准结果;瞄准通信;惯组参数、发射点参数、目标参数、天基测控参数管理;参数运算、生成及装订;原始参数、运算结果和装订参数的打印;装订参数校核;通信联络。

测试控制软件的主要功能包括:地面电压巡检;接收运载器各母线电压数据、状态变化数据及自检数据;接收运载器 CAN 口所有数据;运载器配电、断电功能;测量箭上时序、硬信号等;运载器复位、安全机构工作/安全状态转换和火工品供电管制;遥测零秒转发、紧急断电;转发主控软件控制指令,实现对运载器末级电池、尾段电池、安控电池等的激活和转电;获取运载器断电指示、点火插头状态、测量控制开关状态、发动机状态、火工品安全状态;建立运载器服务器端,响应测发控制主控软件的请求,完成相关信息的传输以及动作指令的接收和执行;向主控软件周期性推送箭上状态信息;与箭上飞控软件对时,获取 UTC 时间并传递给主控软件。

7. 测量控制

测量控制软件主要包括数据实时显示软件、数据处理软件、测量控制参数配置软件等。

(1) 数据实时显示

数据实时显示软件完成测试数据中实时挑点参数的实时解析与显示。

(2) 数据处理

数据处理软件接收雷达测角测距、光学测角等外测信息，进行外弹道数据处理，生成外测弹道及导弹飞行状态(位置、速度和姿态)信息；接收来自天地基测量控制资源的遥测数据，完成对遥测工程参数、关键飞行时序参数的数据处理，生成火箭控制系统、发动机系统等工作状态信息，参数异常时提示告警；提取遥测惯组、GNSS单点定位等弹道信息，生成遥测弹道。

(3) 测量控制参数配置

测量控制参数配置软件具备测量控制参数配置功能，可对不同类型火箭的关键时序参数和处理方法进行配置，可实现火箭遥测数据处理的扩展性。

8. 平台控制

平台控制软件作为运输发射系统的中心软件，可完成对发射平台各分系统的管理和控制，其具体功能包括：

(1) 通信与平台控制管理

软件可监测平台控制系统各从站设备的实时通信状态，并可通过人机操作界面完成发射平台流程操作、组合操作、部件操作、特殊操作、通道操作等。

(2) 信息显示与记录

为用户操作发射平台控制系统提供友好的人机操作界面，并且可以把平台控制信息实时显示出来供操作员查看，同时对软件控制部件设备信息进行采集与记录，并提供外部访问方式。

(3) 标　定

实现对起竖臂角度、左起竖油缸拉线编码器值、右起竖油缸拉线编码器值、左前调平支腿行程传感器零位值、左后调平支腿行程传感器零位值、右前调平支腿行程传感器零位值、右后调平支腿行程传感器零位值的标定，其中角度类标定精度误差不大于 30′。

(4) 液压源设定

控制液压源压力流量，提供适当的压力和流量供发射平台液压执行机构使用。主要功能包括：液压源压力流量设定，液压回零。

(5) 前闭锁控制

对前闭锁进行部件（锁紧夹钳锁、解锁夹钳锁、打开左右夹钳、关闭左右夹钳、打开左夹钳、关闭左夹钳、打开右夹钳和关闭右夹钳）及组合操作（打开夹钳、关闭夹钳）。

(6) 起竖臂控制

对起竖臂进行部件（锁紧起竖臂锁、解锁起竖臂锁、单升起竖臂、单降起竖臂）、组合及流程操作（起竖流程联动起竖导弹、起竖流程回平起竖臂、回抱流程起竖起竖臂）功能。

(7) 调平控制

对调平支腿进行部件（下放左前支腿、下放右前支腿、下放左后支腿、下放右后支腿、收回左前支腿、收回右前支腿、收回左后支腿、收回右后支腿）、组合（调平整平台、收回调平支腿）操作功能。

对保温舱具有控制功能、对保温舱盖进行部件（打开左保温舱、关闭左保温舱、打开右保温舱和关闭右保温舱）、组合（打开保温舱、关闭保温舱）操作功能。

(8) 后闭锁控制

对后闭锁进行部件（上升左后闭锁托座、下降左后闭锁托座、解锁后闭锁左前锁、锁紧后闭锁左前锁、解锁后闭锁右前锁、锁紧后闭锁右前锁）、组合（解锁后闭锁、锁紧后闭锁、前解锁、前锁紧、后解锁和后锁紧）操作功能。

(9) 发射台控制

对发射台进行部件（锁紧左发射台支撑、解锁左发射台支撑、锁紧右发射台支撑和解锁右发射台支撑)、组合(锁紧发射台支撑、解锁发射台支撑)操作功能。

(10) 辅助支腿控制

对发射台进行部件(下放左辅助支腿、收回左辅助支腿、下放右辅助支腿和收回右辅助支腿)、组合(下放辅助支腿、收回辅助支腿)操作功能。

(11) 紧急停止

在任何情况下,只要接收到平台控制软件发送的紧急停止指令,即中止正在执行的所有平台控制操作。

9. 接替管理

接替管理软件可实现联合指挥中心、发射分队工作状态的实时监控,当发现联合指挥中心或发射分队指挥控制功能受损、不具备对所属发射平台的指挥能力时,自动择优选取其他发射分队实施指挥权。

10. 健康管理

健康管理软件可在航天快响发射任务完成后,汇总原始测量数据,支持任务原始数据的拼接融合、数据挖掘等事后处理,并结合遥测数据结果数据、发射任务数据等信息,从任务执行过程、火箭状态、测量控制装备情况等方面开展效能分析和评估,生成评估报告,支撑指挥员及时了解掌握各系统、各设备的健康状况。

5.4.3 服务层

1. 消息流转

消息流转软件提供统一的消息流转接口,实现软件之间的消息通信。

2. 数据传输

数据传输软件提供统一的数据传输接口,屏蔽底层物理数据传输介质的差异。

3. 时统服务

时统服务软件提供天文时间、发射时间等统一的时间标准服务。

4. 数据管理

数据管理软件接收汇总发射任务生成的原始数据、处理结果、方案计划、记录文件、任务指令、任务文书、控制指令等数据，并进行分类入库存储，提供各类存储数据的查询检索、数据曲线展示等功能；具备后端指挥信息系统数据库备份、恢复、迁移、同步、清理等维护管理功能。

5. 系统管理

系统管理软件主要为指挥信息系统提供用户管理、角色管理、软件授权访问等功能；提供基于软件仓库的软件资源管理，支持软件资源的上传、校验、审核、下载、编目分类、版本维护等功能；提供软件资源通过网络化方式进行批量分发、部署、升级、回滚和卸载等功能。

6. 界面集成框架

界面集成框架软件提供插件化软件开发、测试、集成环境，支撑插件全生命周期管理，插件间消息交互，界面风格实时切换，菜单、快捷工具栏、状态栏等的集成和位置调整等功能。

7. 服务集成框架

服务集成框架软件提供服务化软件开发、测试、集成环境，支撑服务注册、查询、状态监控、路由、弹性伸缩、负载均衡、抗毁接替等功能。

8. 二三维地理信息平台

二三维地理信息平台软件提供二三维信息展示环境，支撑态势标绘、地图量算、计算分析等功能。

5.4.4 信息交互

根据系统软件的组织架构和业务功能划分，将系统软件的信息类型划分为态势综合信息、任务规划信息、装订诸元信息、行动控制信息、通信控制信息、测发控制信息、测量控制信息、平台控制信息、任务管理信息（包括接替管理信息、健康管理信息、数据管理信息、系统管理信息），上述信息交互均应基于消息流转及数据传输总线。

在前端指挥信息系统，存在交互的软件信息为行动控制信息、通信控制信息、测发控制信息、测量控制信息、平台控制信息、系统管理信息；在后端指挥信息系统，存在交互的软件信息为态势综合信息、任务规划信息、装订诸元信息、行动控制信息、通信控制信息、测量控制信息以及任务管理信息。

如图 5－24 所示，接管前，联合指挥中心、发射分队、发射平台构成三级任务格局；如图 5－25 所示，接管后，联合指挥中心/发射分队直接与发射平台联系，构成两级任务格局。

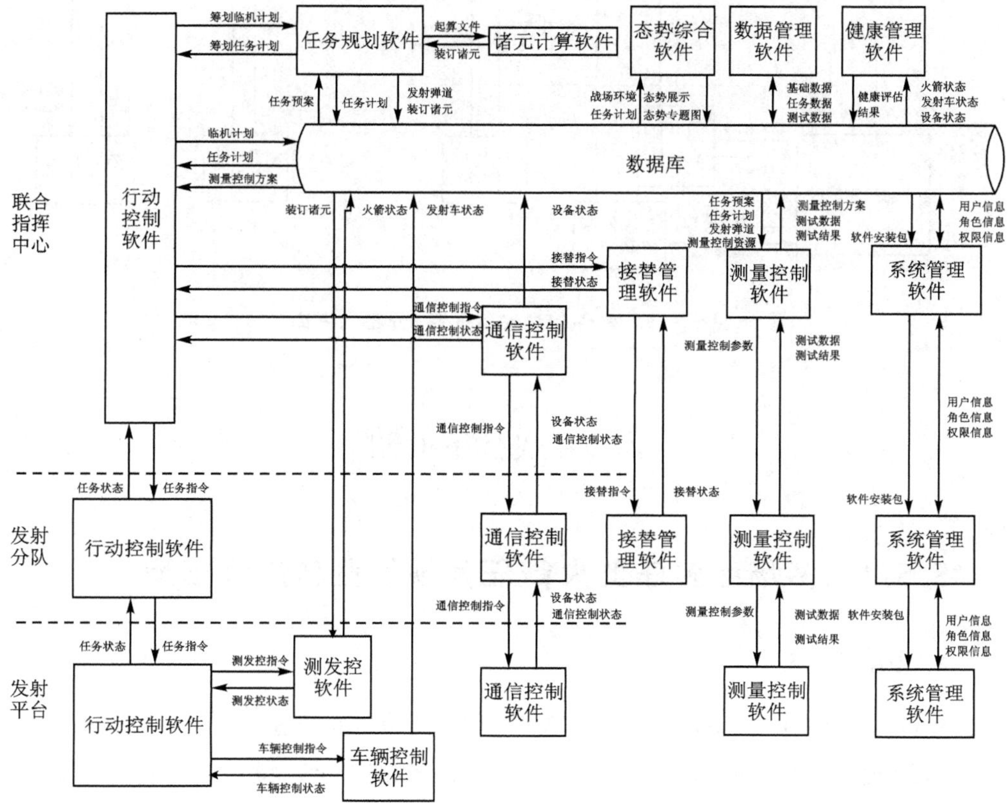

图 5－24　软件信息交互关系（三级指挥）

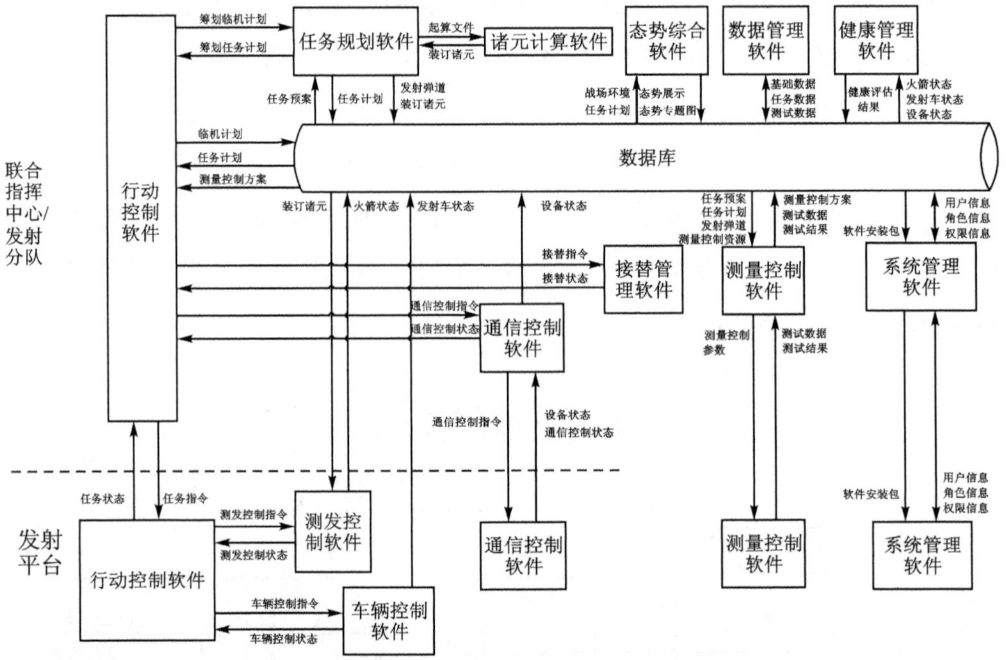

图 5-25 软件信息交互关系(分布式指挥)

5.5 业务模型

5.5.1 多场区多任务火箭任务规划业务流程模型

1. 功能描述

支持对发射任务要求的设置,支持发射意图、综合态势情报数据的录入,设置对地观测、信息补网等发射需求;支持有效分配与调度多颗卫星资源,同时根据轨道特性约束条件及载荷配置结果设计极地轨道星座、回归轨道星座等星座构型;支持卫星轨道参数快速计算,包括太阳同步轨道、倾斜轨道;能够选择运载器型号,根据卫星轨道参数进行弹道规划,同时将弹道结果存入数据库;能够根据资源、发射窗口等约束条件,通过寻优算法实现资源调度约束下的任务分配;支持布势分析,能够根据任务分配方案、点位、资源等情况,实现发射平台、发射点位、发射任务的确定,并形成任务方案;支持诸元快速解算，通过预先存储发射区域网格的弹道数据，发射车能够根据发射点位提取相应弹道，并基于火箭状态和卫星参数，实现发射诸元快速迭代生成。

2. 组　成

能够对多场区多任务火箭发射进行业务流程规划设计，能够根据发射任务、运载能力、综合态势等输入数据，开展轨道规划、任务编组、行动筹划等火箭发射业务流程设计，生成包含发射点位、发射窗口、卫星星座部署等内容的火箭发射卡片。多场区、多任务火箭发射业务流程包括轨道规划、任务编组、行动筹划等，如图 5-26 所示。

3. 实现方案

(1) 轨道规划

基于信息驱动对多颗卫星资源进行有效分配和调度，根据卫星性能约束，通过遍历卫星型号数据库进行卫星选型，确定卫星型号；基于覆盖性能约束和目标区域约束，确定星座构型及卫星数量；选取合适的优化目标和设计变量，以覆盖性能、卫星型号参数、目标区域经纬度等信息为约束条件，通过智能优化算法进行轨道设计，得到目标轨道集，最终生成轨道方案库（包含星座构型、卫星型号/数量和目标轨道等信息）。轨道规划包括星座构型和轨道设计。星座构型根据对地观测、信息补网等不同发射需求，选择 Walker 法等设计方法来计算出可能的星座构型。轨道设计主要针对太阳同步轨道、倾斜轨道，根据星座构型，计算得到轨道参数，包括轨道高度、倾角、升交点赤经及卫星相位等。

1）多星轨道参数设计

根据轨道特性约束条件及载荷配置结果进行多星轨道参数设计，实现轨道计算、摄动分析、载荷分析，实现对卫星轨道参数的快速计算。

多星轨道参数设计的计算流程如图 5-27 所示。

2）卫星星座构型设计

根据星座覆盖特性约束条件进行卫星星座构型设计，实现对星座参数的快速计算，能够快速组网形成极地轨道星座、回归轨道星座等构型。卫星星座构型设计的计算流程如图 5-28 所示。

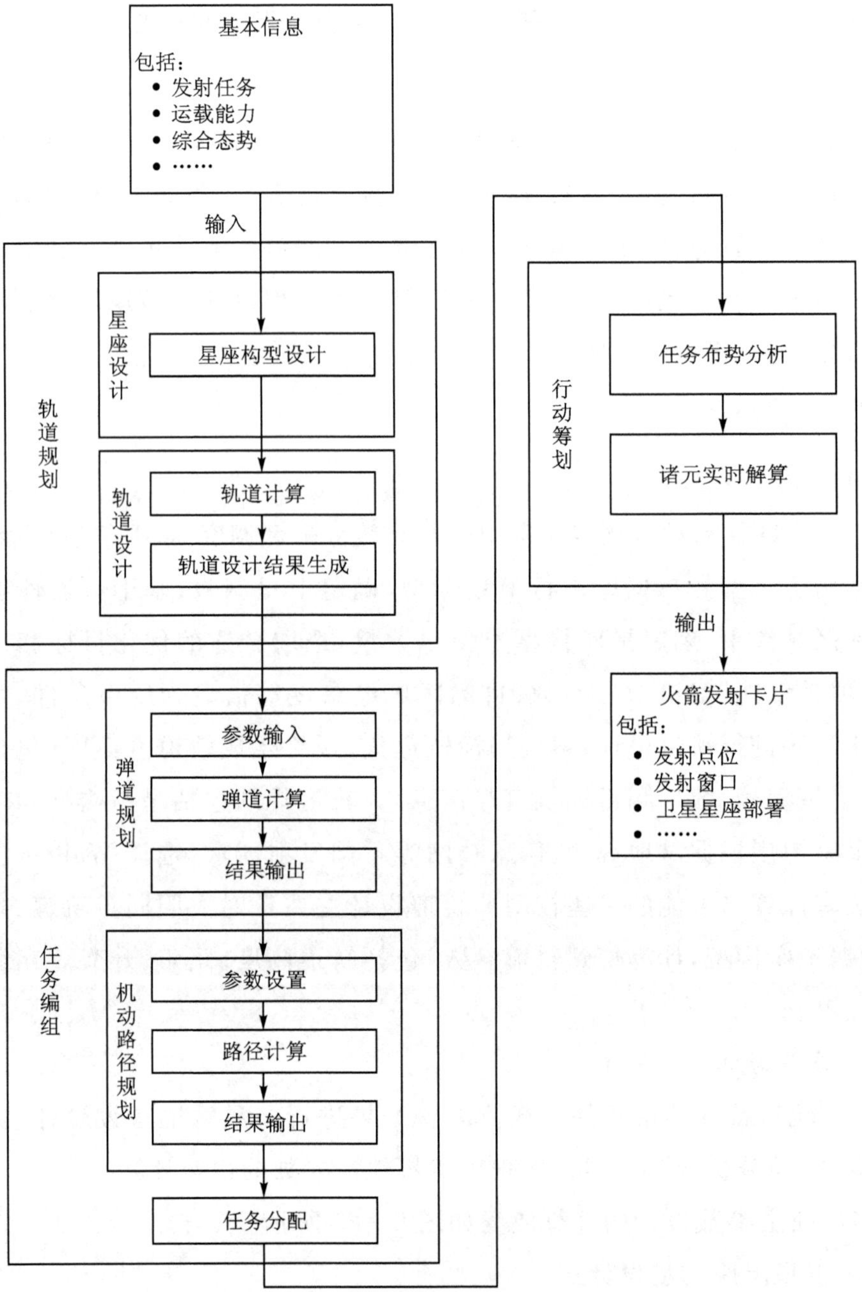

图 5-26　多场区、多任务火箭发射业务流程

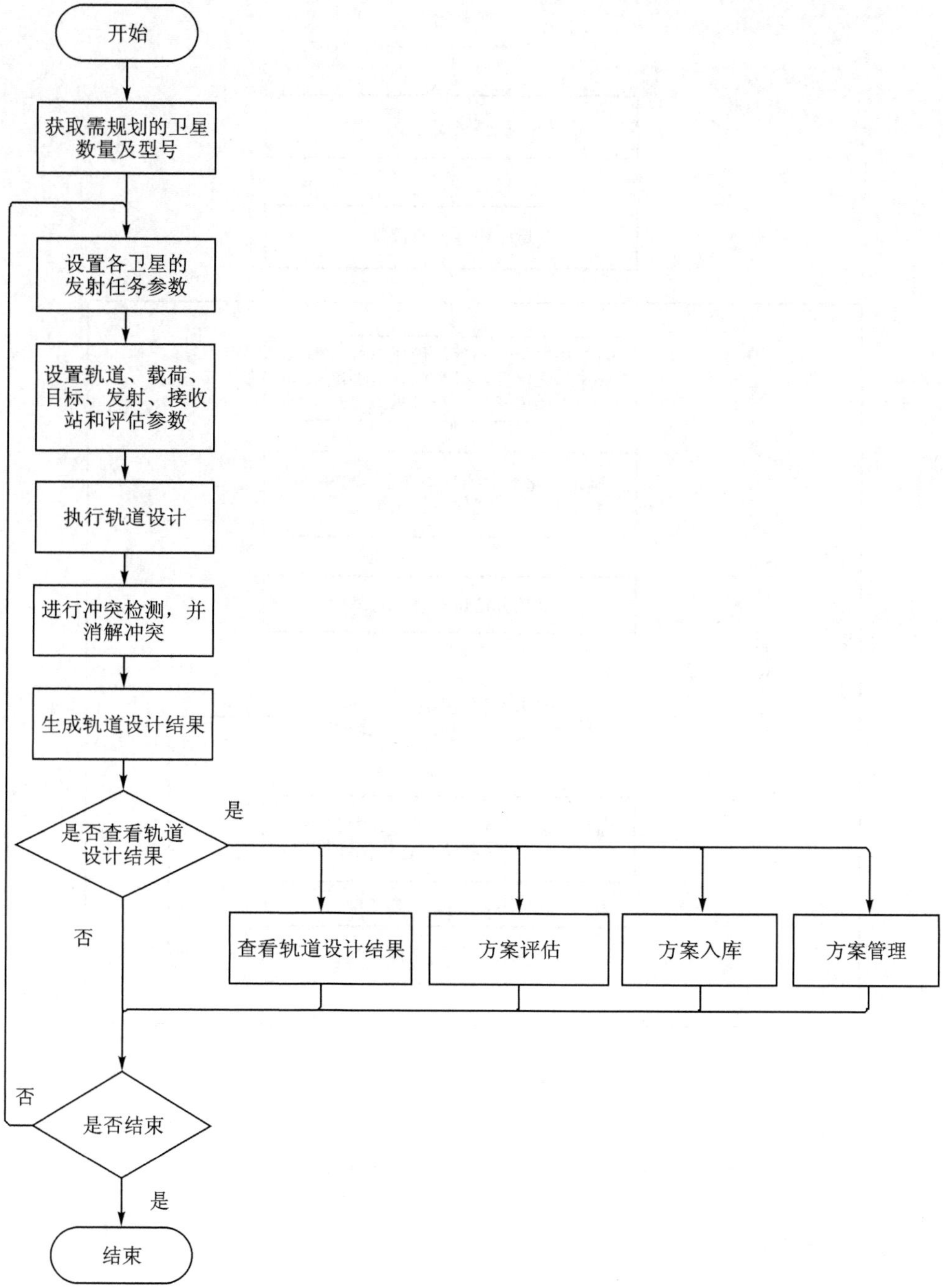

图 5－27　多星轨道参数设计的计算流程

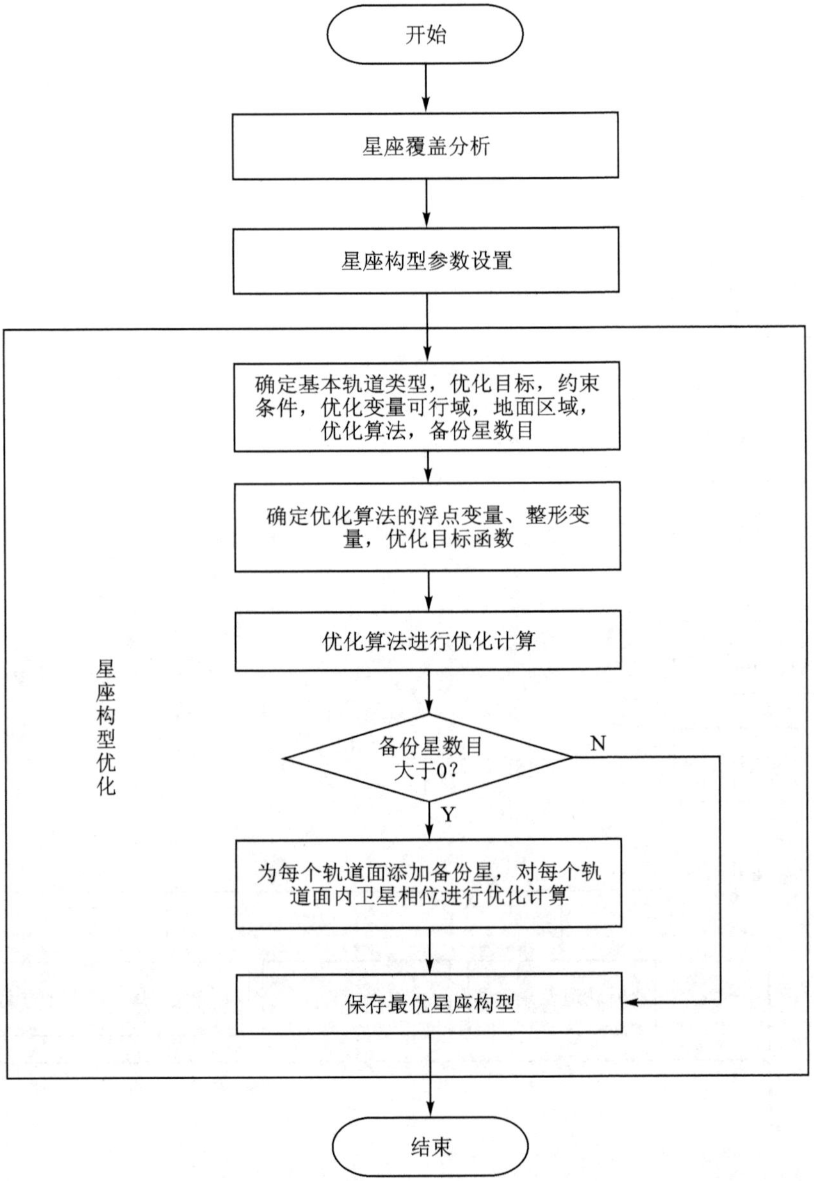

图 5-28　卫星星座构型设计的计算流程

(2) 任务编组

根据卫星轨道参数，考虑安全性、规避观测、发射窗口，通过优化运载能力，分析航落区，设计可用的发射弹道，围绕统一发射目标以及火箭运载能力，让发射任务在可调用资源和发射窗口序列两个维度上消解冲突、减少消耗，达到在各种资源调度、发射时序协调的整体最优，完成任务编组。弹道规划选择运载器型号，根据卫星轨道参数进行弹道解算，得到考虑安全性、规避观测、发射窗口的弹道数据，作为弹道初选结果存入数据库中。如图5－29所示，任务分配主要针对可用点位、运载器等资源约束及发射窗口约束，通过寻优算法，得到资源调度约束下的任务分配方案。

其主要工作过程如下：

第一步：从数据库中调取编成数据、部署数据、任务数据等，并显示发射任务行动表。

第二步：根据发射目标，选择发射任务行动，根据其任务要求，分析卫星轨道类型、高度、载荷、火箭型号等信息，根据载荷要求从数据库中筛选出能够满足要求的卫星型号。

第三步：针对火箭型号以及所有可用的卫星型号，进行星箭匹配分析，进一步筛选出满足匹配要求的卫星型号，从中选择用于该次发射任务的卫星型号。

第四步：根据卫星轨道高度要求、卫星质量等参数，对运载火箭的运载能力进行计算分析，选择能够满足火箭运载能力的发射力量。

第五步：根据发射窗口、资源约束条件等，筛选能够满足发射条件的发射力量。

第六步：显示人员状态、部署以及列装的火箭、卫星型号、发射窗口等，根据上述计算分析结果，优选遂行发射任务的力量。

第七步：最终输出任务编组方案。

（3）行动筹划

行动筹划包括布势分析、诸元快速解算。布势分析是根据任务分配方案、点位、资源等情况，经分析判断后，对发射力量进行筹划，确定发射平台、发射点位、发射任务，形成任务方案。诸元快速解算是将预设发射区域划分为若干网格，根据发射区域预设的典型弹道数据，迭代计算各网格的弹道数据，并存入数据库中形成典型弹道数据库，根据无依托发射需求，在发射车机动过程中获取发射点位信息，将发射点位与发射区域对应的网格匹配，提取相应

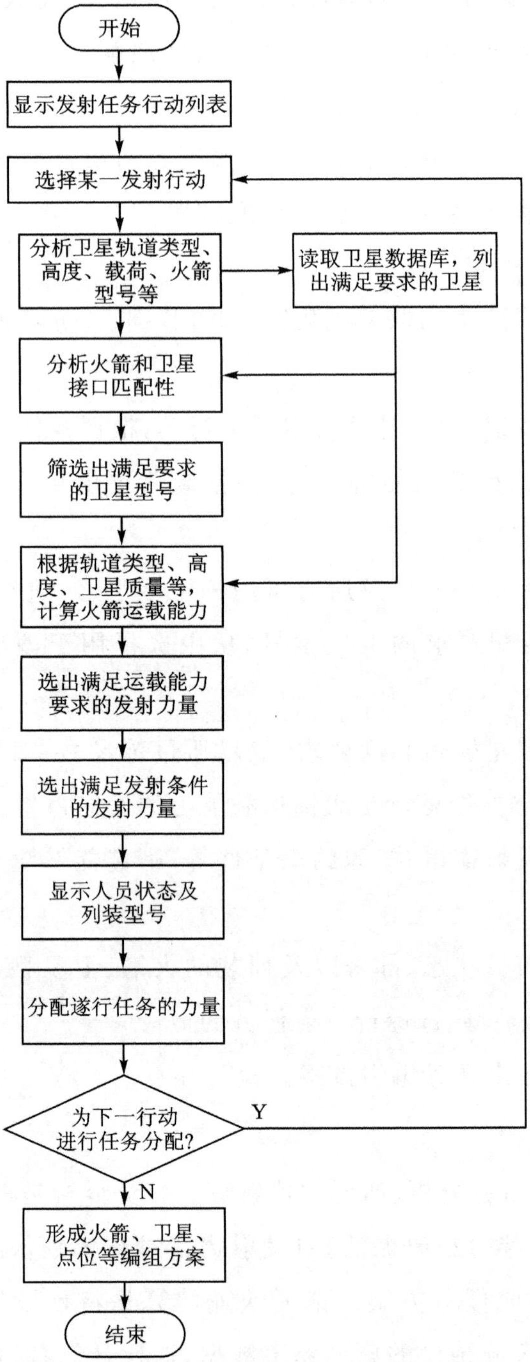

图 5-29　资源调度约束下的快速任务分配

网格的弹道数据，根据火箭状态和卫星参数，快速迭代生成发射诸元。

5.5.2 多场区多任务火箭任务规划演示验证模型

多场区多任务火箭任务规划演示验证针对运用航天快响发射系统快速构建局部地区卫星监测网问题，开发可支持多专业协同规划，快速生成发射任务参数的任务规划平台，并提供推演平台，实现对规划成果进行推演和验证分析。从发射需求出发，开展样式分析、轨道规划、任务编组、方案生成，确定卫星选型、卫星轨道参数、火箭型号、火箭弹道、行动路径等，生成卫星部署方案、火箭发射方案、发射行动方案。分析任务要素，建立概念模型，选择适当仿真平台建立仿真模型，基于模型对航天快响发射的准备过程、实施过程等进行仿真推演。仿真推演时，针对监测区域可分析多颗卫星的监测质量及卫星运行轨道可推演选择发射点及弹道，同时对卫星发射贮存、组装、机动、发射、测量控制、卫星入轨、评估等全过程进行推演；针对自然环境、设备设施状态突变等特殊情况可进行重新规划和推演。采用组件化、模块化、服务化等设计方式，有利于后续包含任务规划、仿真推演、仿真平台等功能的升级维护。

1. 功能组成

(1) 任务规划

任务规划是根据航天快响发射需求开展样式分析、轨道规划、任务编组以及方案生成等。任务规划根据与仿真推演、仿真平台进行的数据交互，为航天快响发射提供任务规划手段与工具。任务规划通过接收想定数据文件，解析发射目标等想定数据信息内容，开展样式分析，生成发射任务；根据发射目标范围与目标性质，确定卫星载荷，并进行轨道规划，依据卫星计算轨道、卫星和火箭等要素信息进行运载能力优化；根据发射分队、卫星、轨道方案以及火箭发射点位组合形成任务编组，并进行弹道规划、测控规划和机动规划。以发射任务作为信息索引，生成发射卡片与发射方案，为仿真推演提供任务规划信息。任务规划信息流如图 5-30 所示。

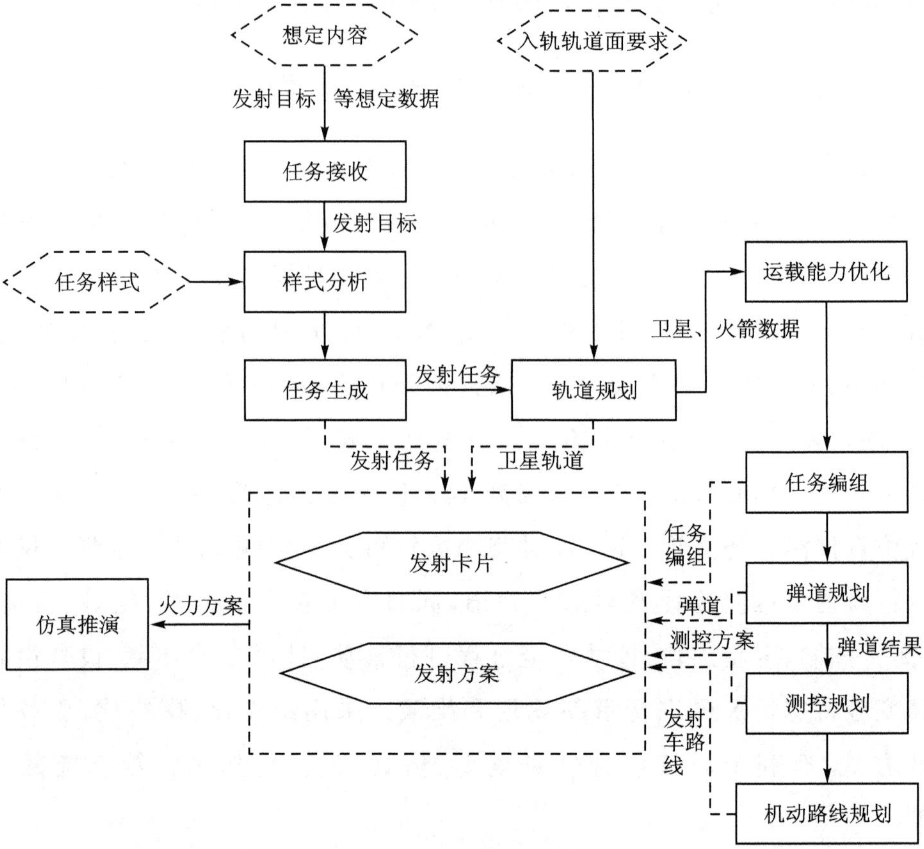

图 5-30　任务规划信息流

(2) 仿真推演

仿真推演将任务规划的方案结果作为输入条件，开展综合态势分析与发射仿真分析。仿真推演建立发射想定为发射任务确定基础信息与方向，并以此展开发射目标选择，根据图上作业或输入编辑方式对发射目标进行输入与编辑，并将想定信息内容下发至任务规划，为任务规划提供发射任务输入信息。完成任务规划后，将发射方案下发至仿真平台，为仿真推演提供数据来源。仿真推演采集仿真平台的实时信息数据，可为综合态势分析与发射仿真分析提供仿真数据，并可将综合态势信息传送至综合信息显示系统进行可视化显示。仿真推演信息流如图 5-31 所示。

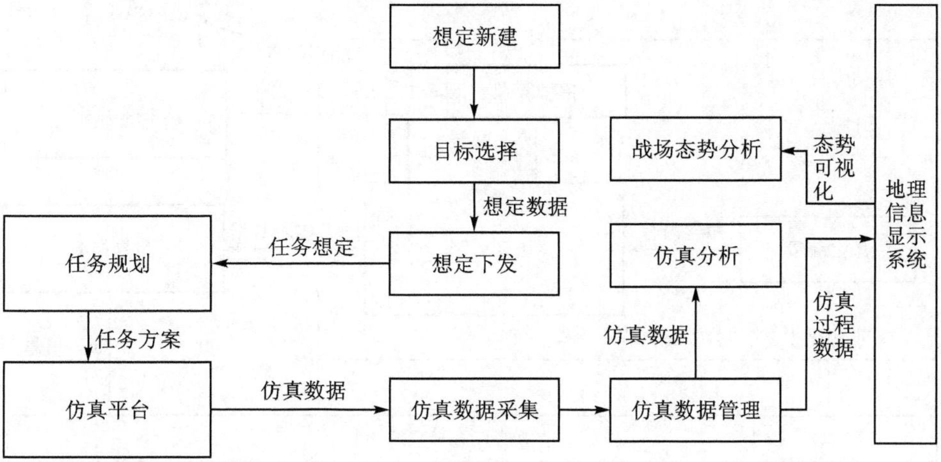

图 5-31　仿真推演信息流

(3) 仿真平台

仿真平台主要为仿真推演提供基础平台支撑,完成加载、调用与运行,并进行数据采集。根据发射任务要求与目标,可在综合信息显示上进行可视化要素想定,并根据选定的仿真数据和发射方案信息,在仿真引擎中进行仿真推演,采集仿真过程数据,并实时推送至仿真推演中进行态势分析与仿真分析,综合信息显示实时加载并可视化显示仿真数据信息、三维模型。仿真平台信息流如图 5-32 所示。

2. 工作原理

(1) 系统运行流程

任务规划演示验证由任务规划、仿真推演和仿真平台组成,与地理指挥信息系统通过网络通信的方式连接,具体运行流程如图 5-33 所示。

(2) 系统信息流

信息交互关系如图 5-34 所示,系统流程由想定、规划与仿真流程组成,想定流程主要为规划流程提供数据信息来源,确定想定元素与任务目标;想定编辑完成后将信息发送至规划流程,完成样式分析、轨道规划、任务编组与方案生成;规划流程完成后将任务方案信息下发至仿真流程进行过程仿真推演。

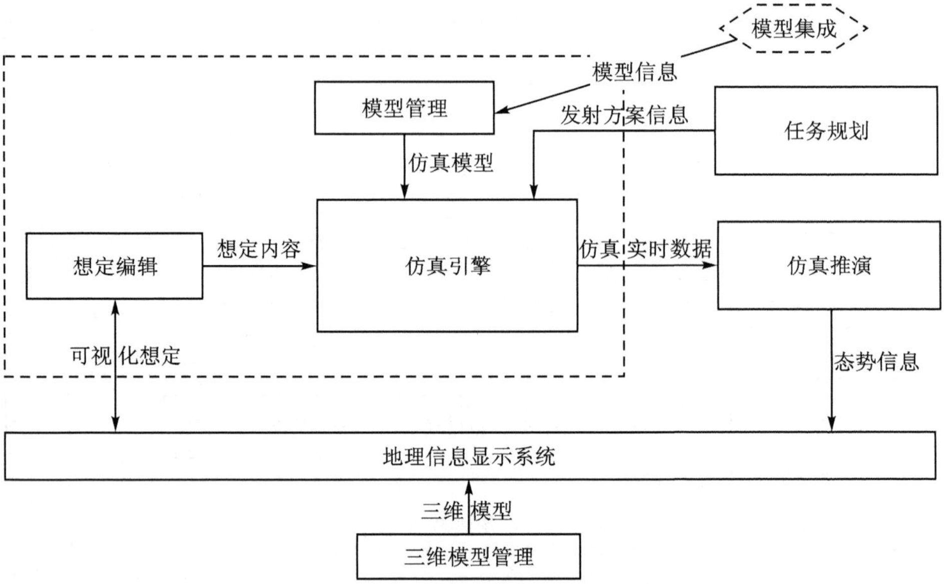

图 5－32　仿真平台信息流

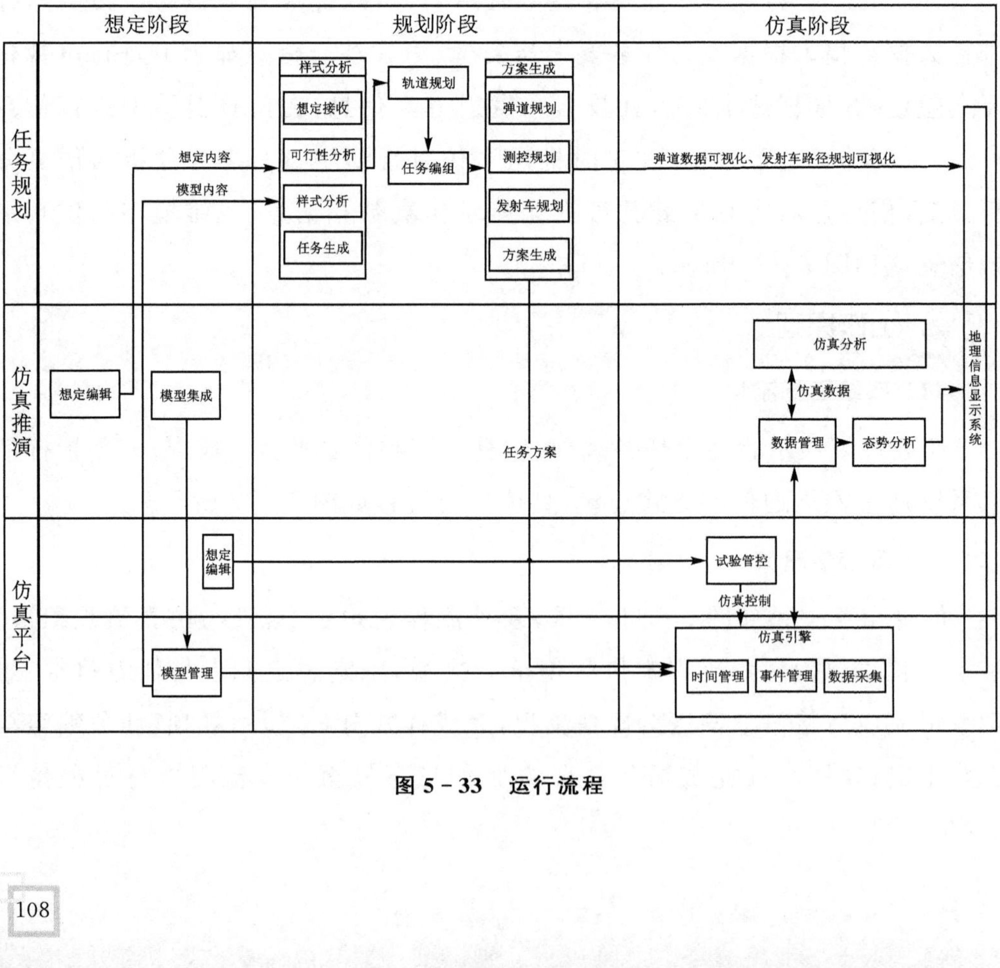

图 5－33　运行流程

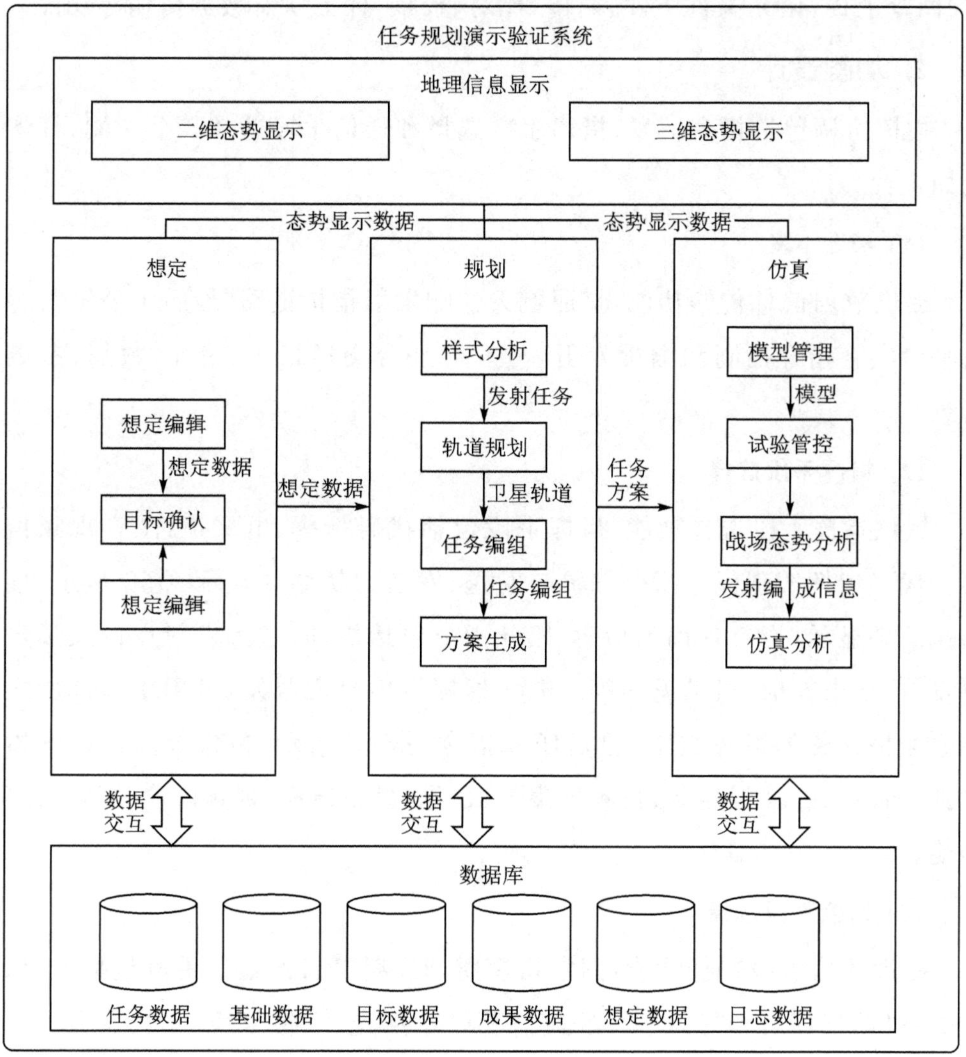

图 5-34 信息交互关系

5.5.3 指挥协调模型

1. 功能概述

指挥协调是指依托有线、无线等各种通信链路及最低限度条件，实现广域分布的航天快响发射各级指挥所和发射平台的指挥通联。指挥协调可构建联合指挥中心到发射分队、发射平台之间的指挥通信链路，实现任务指令下发、回令上传，诸元文件下发、回传、比对、校核，任务状态数据传输等功能。

2. 功能设计

指挥协调包括指令下发、指挥手段选择和通信手段选择 3 个功能，具体功能如下：

(1) 指令下发

提供数据信息传输功能：贯通航天快响发射指挥链路"最后 1 公里"，对发射平台实施指挥控制和测试发射，与发射平台交换指令、诸元、数据、参数等信息。

(2) 指挥手段选择

提供指挥手段选择功能：指挥手段包括代码指挥、电文指挥、音视频指挥等。代码指挥实现任务指令编辑与发送、发送回执结果显示、指令显示、接收回执结果显示、指令查询等功能，任务指令包括机动、进入发射点位及预定窗口发射、结束发射、机动返回等。电文指挥提供电文收发，可用于指挥所之间传递非格式化的指挥文书，包括任务指令、指示、请示、报告等。音视频指挥包括语音通话、视频通话、视频采集与 IP 化、视频指挥、视频监控、视频投屏等功能。

(3) 通信手段选择

提供通信手段选择功能：固定指挥所到发射平台的通信手段包括卫星、光纤等；机动指挥所到发射平台的通信手段包括光纤、被复线、无线宽带、卫星、超短波、短波等驻车作业通信手段，以及卫星、超短波等动中通信手段。发射平台内部的通信手段包括光纤、区域宽带通信等。

3. 处理流程

指挥协调的流程如图 5 - 35 所示，具体流程描述如下：

第一步：联合指挥中心通过从协同筹划框架中得到的任务计划拟制要素，以及装备数据库中提取的任务指令集，结合态势综合信息，生成任务指令。

第二步：联合指挥中心将生成的任务指令、诸元数据文件以及指挥决策数据下达分发给发射分队；越级指挥时，联合指挥中心可将任务指令、诸元数据

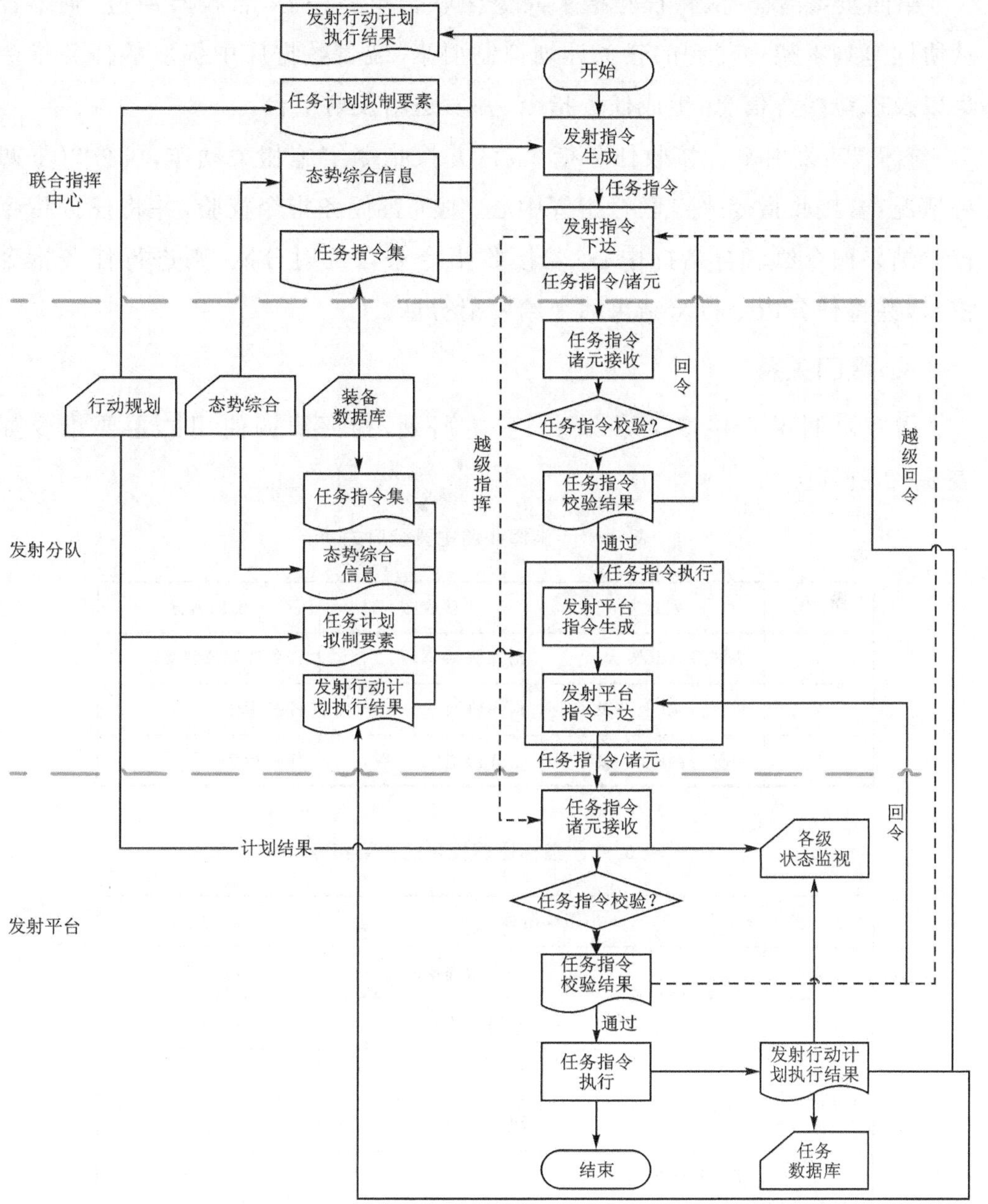

图 5-35　指挥协调流程

文件以及指挥决策数据直接发送至发射平台。

第三步：发射分队接收到联合指挥中心下达的任务指令、诸元数据文件以及指挥决策数据，对其进行校验。

第四步：发射分队将校验结果回令至联合指挥中心，若校验通过，则结合从协同筹划框架中得到的任务计划拟制要素、装备数据库中提取的任务指令集以及态势综合信息，生成任务指令，并发送给发射平台。

第五步：发射平台接收任务指令后，并按指令实施相关动作，可分以下两种情况：若接收指令来自联合指挥中心，则进行任务指令校验，并将任务指令校验结果回令给联合指挥中心；若接收指令来自发射分队，则进行任务指令校验，并将任务指令校验结果回令给发射分队。

4. 接口关系

指挥协调主要接口关系如表 5－1 所列，指挥协调使用的主要指令如表 5－2 所列。

表 5－1　指挥协调主要接口关系

序　号	发送方	接收方	信息名称
1	协同筹划框架	指挥协调	任务计划拟制要素
2	指挥协调（上一级）	指挥协调（下一级）	任务指令
3	指挥协调（下一级）	指挥协调（上一级）	任务指令（回令）

表 5－2　指挥协调使用的主要指令

序　号	指令名称		指令代号
1	指挥权限切换	移交指挥权限	ZZZL01
2		收回指挥权限	ZZZL02
3	机动行进控制	星箭装车	ZZZL03
4		机动行进	ZZZL04
5		任务展开	ZZZL05
6		任务撤收	ZZZL06
7		机动返回	ZZZL07

续表 5-2

序　号	指令名称		指令代号
8	发射组织实施	发射准备	ZZZL08
9		瞄准计算	ZZZL09
10		诸元下发	ZZZL10
11		诸元校核	ZZZL11
12		诸元装订	ZZZL12
13		电池激活	ZZZL13
14		转电	ZZZL14
15		起竖	ZZZL15
16		点火	ZZZL16
17		起飞	ZZZL17
18		3 h 准备	ZZZL18
19		2 h 准备	ZZZL19
20		1 h 准备	ZZZL20
21		30 min 准备	ZZZL21
22		15 min 准备	ZZZL22
23		10 min 准备	ZZZL23
24		5 min 准备	ZZZL24
25		3 min 准备	ZZZL25
26		1 min 准备	ZZZL26
27	任务指令回令	指令接收确认	ZZZL27
28		指令执行成功	ZZZL28
29		指令执行失败	ZZZL29

5.5.4　状态监视模型

1. 功能概述

状态监视是实现航天快响发射任务状态的实时监视与异常告警，可为指挥决策、指挥协调、临机处置和效果评估等提供信息支撑。

一是提供流程实时监视服务。流程包括受领任务、任务筹划、任务准备、任务实施等。

二是提供行动实时监视服务。行动包括任务准备、机动行进、任务展开、准时发射、任务撤收和机动返回等。

三是提供进程实时监视服务。进程包括任务准备、瞄准计算、诸元装订、电池激活、转电和点火等。

四是提供装备测试实时监视服务。装备测试数据包括测试发射模式、使用模式、必保参数、测试项目、射前监测参数等。

五是提供关键节点实时监视服务。关键节点包括诸元文件下发、诸元校核等。

六是提供状态异常告警服务。显示任务时序关系、协同关系等，关联任务状态信息，分析任务节点异常对整体任务的影响，并对任务执行异常、任务结果异常进行事件告警。

2. 功能设计

状态监视包括状态提报、状态信息接入、状态监视和状态异常告警 4 个功能，具体功能如下：

(1) 状态提报

提供状态提报功能：能够根据发射平台系统接口情况，按需自动上报各发射平台任务状态。

(2) 状态信息接入

提供状态信息接入功能：可实现任务状态信息自动化接入功能并能够对任务状态进行解析，实现任务状态解析和归类等维护功能。

(3) 状态监视

提供状态监视功能：具备对任务状态管理、发射流程实时监视、发射平台行动实时监视、任务进程实时监视和关键节点实时监视的功能。

(4) 状态异常告警

提供状态异常告警功能：显示任务时序关系、协同关系等，关联任务状态信息，分析任务节点异常对整体任务的影响，并对任务执行异常、任务结果异常进行事件告警。

3. 处理流程

状态监视的流程如图 5－36 所示，具体流程描述如下：

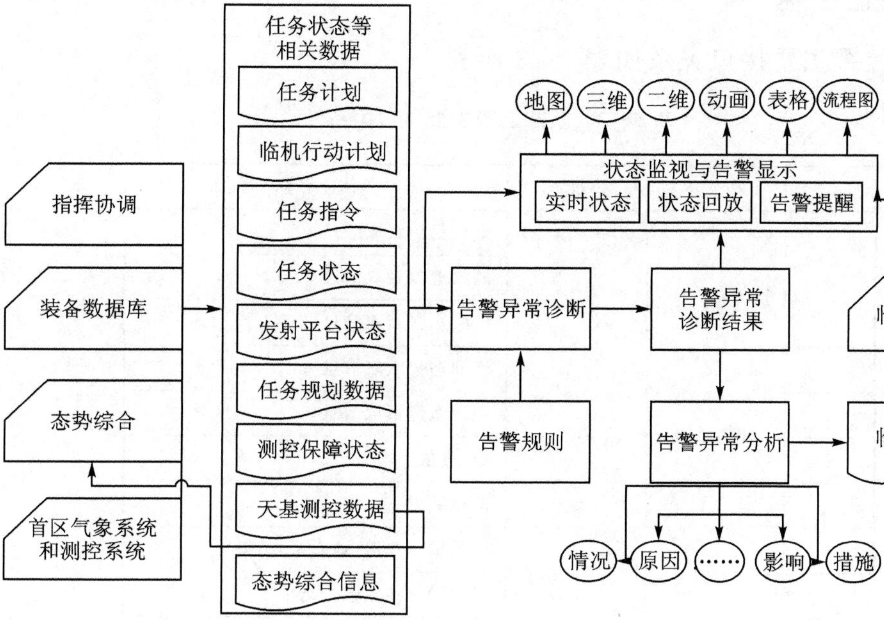

图 5－36 状态监视流程

第一步：状态监视根据任务计划、临机计划、任务指令、任务状态、发射平台状态、任务规划数据、测控保障状态、天基测控数据等信息，结合气象数据、运载器测量控制数据等处理结果，以及从态势综合获取的态势综合信息，开展全任务过程的状态监视。

第二步：状态监视根据以上各类数据信息，结合动作时序、窗口时限、异常门限等告警规则，进行告警异常诊断。

第三步：状态监视根据告警异常诊断，得到告警异常诊断结果。

第四步：状态监视将告警异常诊断结果及之前得到的任务状态等信息，发送状态监视进行显示，显示形式可包括绘图、三维、二维、动画、表格以及流程图等。

第五步：状态监视针对告警异常诊断结果进行告警异常分析，并将得到的告警异常分析结论发送给临机处置，以用于临机事件处置决策。

第六步：状态监视将运载器天基测控数据处理结果发送给态势综合软件，用于空间目标态势综合分析。

4. 接口关系

状态监视主要接口关系如表5-3所列。

表5-3 状态监视主要接口关系

序　号	发送方	接收方	信息名称
1	状态监视	态势综合	空间目标索取信息
2			测绘地理索取信息
3			气象水文索取信息
4			空间态势索取信息
5			频谱态势索取信息
6			T0参数
7			落点结果
8			火箭综合弹道(地心系)结果
9			时间指令参数融合结果
10			初轨根数
11	态势综合	状态监视	态势综合信息
12			空间目标索取结果
13			测绘地理索取结果
14			气象水文索取结果
15			空间态势索取结果
16			频谱态势索取结果
17	状态监视(下一级)	状态监视(上一级)	测发流程状态
18			地测状态
19			窗口预报数据
20			短期预报数据
21			逐时气温预报数据
22			高空风预报数据
23			自动化气象站数据
24			T0参数

续表 5-3

序　号	发送方	接收方	信息名称
25	状态监视（下一级）	状态监视（上一级）	遥测参数
26			姿轨控压力数据
27			火箭综合弹道(地心系)结果
28			时间指令参数融合结果
29			初轨根数
30			星箭分离点参数
31			遥测挑点参数处理结果
32			准实时落点预报结果
33			发射平台瞬时位置
34			设备工作状态

5.5.5 效果评估模型

1. 功能概述

效果评估是开展装备级、场区级和任务级的航天快响发射效果评估，能够为提出航天快响发射阶段转换建议、方案预案优化建议等提供支撑。

一是提供任务快评服务。建立入轨轨道半长轴偏差、偏心率偏差、轨道倾角偏差、星箭分离精度等评估指标，通过接收飞行入轨测量控制数据等，对比星箭分离时刻入轨目标的偏差情况，给出任务快评结果。

二是提供任务效果评估服务。建立任务执行情况、任务完成结果、任务协同效果等评估指标，基于发射任务状态、任务快评结果等，对比既定目标的偏差情况，给出效果评估结果。

三是提供行动效果评估服务。建立测发周期、射前生存、任务保障、发射成本、航天器入轨情况等评估指标，基于行动情况、任务快评结果等，对比发射行动既定目标的偏差情况，给出行动效果评估结果。

2. 功能设计

效果评估包括任务快评、任务效果评估、行动效果评估 3 个功能，具体功能如下：

(1) 任务快评

提供任务快评功能:根据测控通信保障实际提供的初始轨道根数和理论预示值作差,与轨道半长轴偏差、偏心率偏差、倾角偏差、星箭分离精度等指标体系进行对比,给出航天器入轨精度的综合评估结果,接收并显示航天器入轨情况评估结果。

(2) 任务效果评估

提供任务效果评估功能:接收态势综合数据、任务保障数据、任务状态数据等,依据任务进程设计结果以及相应的任务目标、约束等,通过比对任务实际执行情况、完成结果、协同效果等,按照任务协同、任务保障等进行多维度评估。

(3) 行动效果评估

提供行动效果评估功能:接收态势综合数据、任务保障数据、发射平台行动数据等,依据任务样式的流程、目标、约束等,通过比对任务实际执行情况、完成结果、协同效果等,按照任务协同、任务保障等进行多维度评估。

3. 处理流程

效果评估的流程如图 5 - 37 所示,具体流程描述如下:

第一步:发射平台和发射分队的效果评估是根据任务计划、任务状态以及运载器天基测控数据等进行任务快评和行动效果评估。其中任务快评是指通过任务快评指标,进行任务快评。任务快评指标主要包含航天器入轨精度中的入轨点轨道根数偏差指标和航天器姿态偏差指标。行动效果评估是指结合行动效果评估指标,进行行动效果评估,得到行动效果评估结果,主要包含行动完成时间、行动完成效果、平台协同效果。

第二步:发射平台和发射分队的效果评估将任务快评结果,以及行动效果评估结果(含天基测控结果和通信保障结果),发送监视显示前端进行显示。

第三步:发射平台和发射分队的效果评估将任务快评结果和行动效果评估结果上报给联合指挥中心进行任务效果评估。

第四步:联合指挥中心的效果评估是根据从发射平台和发射分队得到任务快评结果和行动效果评估结果,结合任务方案、任务计划、任务状态、任务

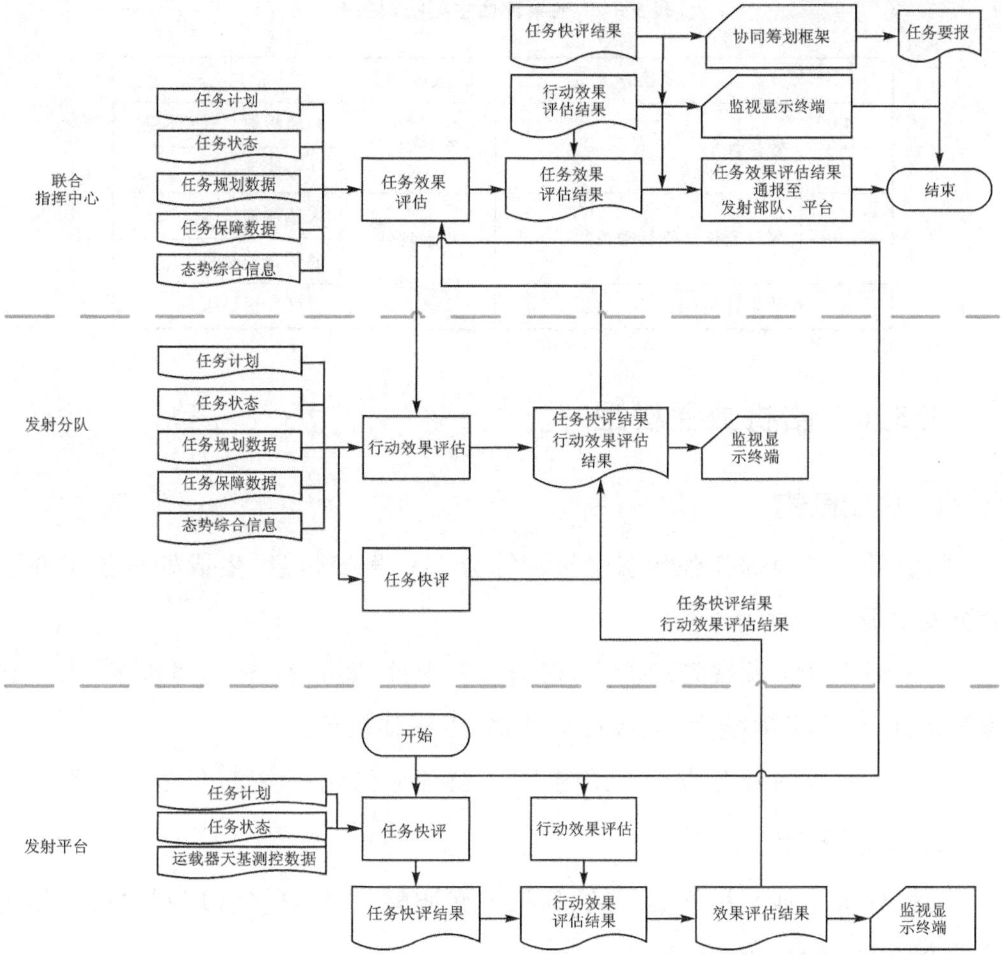

图 5-37 效果评估流程

规划数据、任务保障数据、态势综合信息，进行任务效果评估：结合任务效果评估指标，进行任务效果评估，得到任务效果评估结果，主要包含任务协同效果、任务保障效果。

第五步：联合指挥中心的效果评估将任务效果评估结果通报给发射分队和发射平台，同时提供给监视显示前端进行显示，并将相关评估结果发送给协同筹划框架，用于其生成任务要报。

4. 接口关系

效果评估主要接口关系如表 5-4 所列。

表 5-4 效果评估主要接口关系

序号	发送方	接收方	信息名称
1	效果评估	态势综合	初轨根数与理论偏差
2			任务快评结论
3	测控通信保障行动控制	效果评估（上一级）	天基测控结果
4			通信保障结果
5	效果评估(下一级)		首区发射结果

5.5.6 临机处置模型

1. 功能概述

临机处置是根据任务状态告警和综合态势告警信息，生成处置预案并下发至发射分队或发射平台。

一是提供临机预案管理能力，根据突发事件、实时态势、力量编成、人员状态等条件，结合发射能力，完成行动调整，生成临机计划。

二是具备发射任务应急干预能力，支持任务优先级调整、任务取消等。

2. 功能设计

临机处置包括临机预案管理、临机预案调整、临机任务管理和临机计划生成 4 个功能，具体功能如下：

(1) 临机预案管理

提供临机预案管理功能：能够根据行动控制进程中相关需求，进行临机预案的检索、查询、管理操作；提供各类预案的模板，辅助临机预案拟制。

(2) 临机预案调整

提供临机预案调整功能：能够根据太空环境告警、气象地理异常告警、任务状态异常告警等信息，快速匹配临机预案，综合分析临机预案可行性及使用情况，并支持对临机预案进行调整。

(3) 临机任务管理

提供临机任务管理功能：能够通过多种传输手段将生成、调整后的临机预案快速下发至发射分队，应急干预发射分队发射任务。

(4) 临机计划生成

提供临机计划生成功能：能够根据突发事件、实时态势、任务编组、人员状态等条件，优选加载相关的任务编组和行动规划，以图表形式完成人员和行动调整，生成临机计划。

3. 处理流程

临机处置的流程如图 5－38 所示，具体流程描述如下：

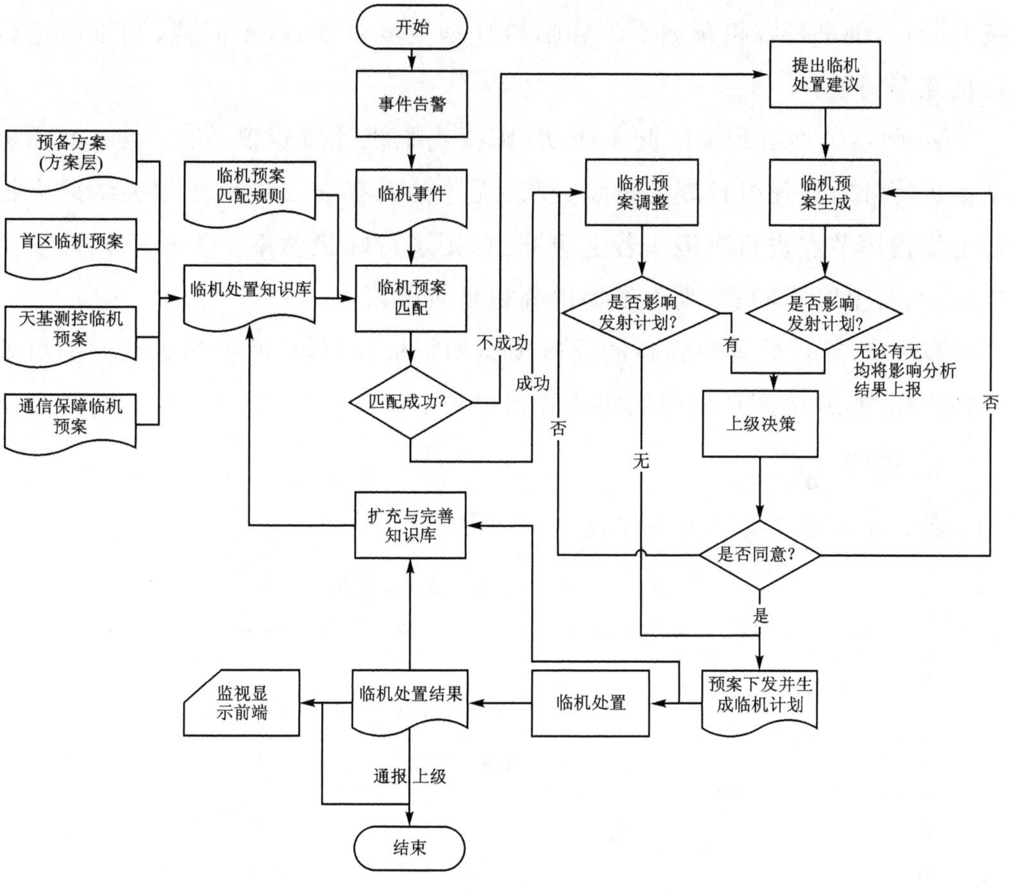

图 5－38 临机处置流程

第一步：临机处置通过事件告警得到临机事件，其中临机事件包括系统诊断分析形成和人工录入两种方式。

第二步：临机处置将预备方案（方案层）、首区临机预案、天基测控临机预案和通信保障临机预案等结合形成临机处置知识库，并支持以故障树或表格的形式导入导出。

第三步：临机处置根据得到的临机事件，结合故障树形式的临机处置知识库，进行临机预案匹配，主要采用基于事件 ID、事件名称、事件时效、事件原因等规则进行匹配，必要时通过人工筛选方式进行匹配确认。

第四步：若临机预案匹配成功，则进行临机预案调整并分析对原任务计划的影响，若无影响，则直接下发临机预案；若有影响则通报上级进行决策。上级若同意，则进行临机预案下发和临机计划生成步骤；若不同意，则重新进行临机预案调整。

第五步：若临机预案匹配不成功，则提出临机处置建议，将新生成的临机预案进行针对原任务计划的影响分析，无论是否存在影响均将相关结果上报给上级指挥节点进行决策。若上级同意，则进行临机预案下发和临机计划生成步骤；若上级不同意，则重新提出临机处置建议。

第六步：临机处置得到新的临机预案和临机计划，从而扩充更新到临机处置知识库中，并按照计划组织实施临机处置。

4. 接口关系

临机处置主要接口关系如表 5-5 所列。

表 5-5　临机处置主要接口关系

<table>
<tr><th>序　号</th><th>发送方</th><th>接收方</th><th>信息名称</th></tr>
<tr><td>1</td><td rowspan="2">临机处置（上一级）</td><td>协同筹划框架</td><td>临机计划</td></tr>
<tr><td>2</td><td>临机处置（下一级）</td><td>临机计划</td></tr>
<tr><td>3</td><td rowspan="2">测控通信保障行动控制</td><td rowspan="3">临机处置（上一级）</td><td>天基测控临机事件</td></tr>
<tr><td>4</td><td>通信保障临机事件</td></tr>
<tr><td>5</td><td>临机处置（下一级）</td><td>首区临机事件</td></tr>
</table>

5.6 数据保障

5.6.1 数据保障模式

以指挥机构进行任务筹划、人力调配、任务管控、综合保障、远程机动等重要环节的应用为主要场景，立足现有数据建设成果，通过运用大数据技术进行数据整编处理、挖掘分析和可视展现，为信息化条件下航天快响发射任务精细筹划、精确指挥、精准保障提供决策支持服务，为提升基于网络信息体系的航天快响发射能力提供有效支撑。

一是构建数据保障体系。数据保障服务于典型任务样式，按照“完整策划、突出重点、专用自建、通用集成”的基本原则，构建数据保障体系，涵盖任务指挥、人力资源、综合保障各要素，并初步形成核心保障能力，为航天快响发射数据建设应用提供引领。

二是创建重点场景的数据应用模型。结合实际需求和现实数据基础，创建5类模型。其中，任务筹划类模型主要是进行发射力量分析、部署优化分析、人体机能数据分析和气候地理数据统计分析；人力调配类模型主要是进行指挥员能力分析、人员调配分析和特殊人员分析；综合保障类模型主要是进行物资保障能力分析、卫勤保障能力分析、装备保障能力分析、残骸搜索辅助分析；任务管控类模型主要是进行任务区域管控分析；远程机动类模型主要是进行发射车机动路线优化。

三是培育适应任务需求变化的数据应用生态。建成具有自主知识产权的可定制、可组装、可扩展的应用模型开发工具、数据分析引擎、数据可视化工具和应用模型管理工具集，基于信息服务基础平台和数据应用标准规范，构建自动获取、灵活适配的数据应用模型运行数据集，对接组装数据应用模型，打造形成适用于航天快响发射并可复制推广的数据保障“生态链”，推动数据应用良性发展，产生良好效益。

5.6.2 数据保障能力

成体系补齐一批短板弱项，整体提升数据保障水平，有效释放数据建设效能，具体包括以下5个方面能力：

一是在任务筹划支持能力方面，可支持指挥人员依托指挥信息系统进行任务筹划。对掌握的各类数据进行数据“全样本”挖掘分析；掌握风险分布和行动人员的人体机能状态，评估整体适应能力，为优化任务部署及任务编组提出参考建议。

二是在人力调配支持能力方面，对指挥员优选、人员调配和特殊人员查找进行快速查询分析，支持按条件生成相关预案。

三是在综合保障支持能力方面，可对物资保障、装备保障、卫勤保障、残骸搜索能力进行辅助分析论证，形成分析报告，支持相关方案拟制。

四是在任务管控支持能力方面，实现任务区域管控态势全时段掌握、重点发射点位全覆盖、重大突发事件现场实景及时再现。

五是在远程机动支持能力方面，综合分析组织机动前出装备构成、沿途路网状况、自然环境影响及装备性能等不同因素，优选机动路线，并根据实际情况随时调整更新。

5.6.3 数据应用支撑

数据应用支撑为应用模型使用人员提供数据整理手段，为应用模型开发和数据分析人员提供开发和分析工具，为应用模型管理人员提供建设完成后的应用模型管理。

1. 数据整理

引接航天快响发射领域数据融合应用建设成果，按照不同应用模型的数据输入要求，对数据进行预处理和补充完善，构建数据应用模型运行数据集。

构建通用数据接入引擎，以用于打通数据融合应用建设成果与应用模型数据集的通道。构建数据融合处理框架，对结构化数据进行内容清洗、统计分析和关联分析等处理；对半结构化数据进行模板分类、字段检索和关键字段提取等处理；对非结构化数据进行音视频内容结构转化等处理，处理完的数据在数据融合处理框架中根据应用模型输入要求整理成应用模型运行数据集。

2. 支撑工具

构建应用模型开发、数据分析工具，提供应用模型建设集成开发环境，实现应用模型标准化构建；提供数据分析库，实现各类分析算法的统一调用接口和可视化调试。

(1) 应用模型开发工具

提供应用模型开发所需要的生产环境，实现统一的应用模型定义、维护，连接数据分析算法库，为应用模型进行算法选配，对应用模型输入和输出的格式、内容进行规范定义，并提供二次开发功能，实现应用模型的按需扩展需求。

(2) 数据分析引擎

1）数据分析工作流定制工具

数据分析工作流定制工具是一个数据分析构件，允许开发人员或者数据分析人员通过定制工作流的方式对数据进行处理，并将数据输出。该工具采用可视化前端建模工具，支持通过拖拉拽的方式进行建模操作，可实现数据分析流程顺序和计算资源的可视化分配调度管理。

2）数据挖掘分析算法库

数据挖掘分析算法库提供一些现成的算法和知识库，用以辅助开发人员或者数据分析人员创建应用模型。算法库包括多种公开的基础算法，知识应用模型、机器学习、数据挖掘等算法资源，以及对文本、语音、图像、视频等非结构化数据进行分析处理的深度学习算法库。

3. 应用模型管理

应用模型管理提供对应用模型的统一管理，并提供规范的访问接口，管理用户可按照相关标准规范研制应用模型、入库和使用，提高应用模型管理规范性。应用模型管理对外提供统一的服务接口、描述，具备应用模型注册发布、目录服务、申请与审批、搜索等功能，用户还能基于实际应用情况对应用模型进行评价和应用情况反馈，为应用模型的综合评估提供支撑。

(1) 应用模型注册发布

应用模型注册发布为各类应用模型的注册、审核、发布与共享提供一套通用的运行环境与手段。应用模型注册发布包括应用模型描述、应用模型注册、元数据采集、应用模型审核、应用模型发布、应用模型部署等。针对不同类型的应用模型，应用模型注册描述信息包含共性的信息要素，包括应用模型标识、应用模型类别、应用模型名称、应用模型主要功能、应用模型创建时间、应用模型关键字、应用模型提供单位、应用模型版本标识、应用模型版本描述、应用模型限制条件与运用范围、应用模型与其他应用模型的关系等信息。

(2) 应用模型目录服务

应用模型目录服务提供应用模型分类编目、目录更新、关联关系分析和导航浏览功能，为搜索查询和按需获取应用模型提供支撑，实现应用模型资源的组织、整合与快速发现。

(3) 应用模型申请与审批

应用模型申请与审批为前台用户提供应用模型申请手段，并为后台管理员提供应用模型使用审批手段。

(4) 应用模型搜索

应用模型搜索依托应用模型目录实现用户搜索的导航，提供基于关键字的目录查询、应用模型内容查询，实现多源检索结果的统一排序，检索结果的展现等功能。

(5) 应用模型评价

应用模型评价提供评价体系。用户可根据应用模型使用体验，对应用模型进行评价，应用模型管理根据不同用户评价结果提供应用模型评价排行功能。

应用模型管理具体流程:应用模型资源信息进入应用模型管理的应用模型注册发布模块;经过审核后,应用模型资源信息进入应用模型目录服务模块进行页面展示;通过应用模型搜索能够快速发现用户需要的应用模型资源;用户在浏览应用模型资源信息后对应用模型进行申请操作;经过审批后,可下载需求应用模型。

5.6.4 体系融入度

一是数据应用融入航天快响发射体系。着力填补数据在航天快响发射应用的“空白”,做到融入指挥、融入行动、融入保障。构建任务筹划系列应用模型,协助将数据应用到任务筹划场景;构建发射行动系列应用模型,可将数据应用到机动行进、任务部署、残骸搜索等行动场景;构建综合保障系列应用模型,可将数据应用到指挥保障、后勤保障、装备保障等场景。

二是数据应用融入信息保障体系。数据应用到指挥机构、发射行动和保障工作当中,极大加强了数据与信息保障体系的融合。充分运用已有建设成果和相关建设内容的有机衔接,做到了数据与信息系统的建设统一规划、统一组织,走上了集约化发展道路;数据应用基于统一的信息支撑框架和网络,做到了数据应用与信息保障协同运行、共同发力;数据日常运维纳入信息保障的常态维护当中,信息保障基础设施维护与数据的网络化更新,一体联动、共同实施。

三是数据应用融入数据生态体系。通过构建数据应用模型,使数据应用融入数据体系当中。构建各类应用模型,拓展数据标准规范;抽取形成应用模型运行数据集,扩大数据采集整编范围;应用模型运行产生的二次数据成果,扩展了数据内容;应用模型运用到实际发射行动,使数据由相对静态延伸到实时动态,从而使数据体系更加完整,步入实战化应用的良性发展轨道。

5.6.5 体系贡献率

一是加大航天快响发射体系信息化程度,向空间快速响应更近一步。将数据切实应用到任务筹划、具体行动当中，使数据要素融入方案计划制订、部署优化、发射平台效能发挥、行动效果评估等，从而加大航天快响发射体系的信息化程度，将精确指挥、精准行动、快速响应变为现实。

二是加大信息保障体系一体化程度，发挥出信息系统和数据的双重效益和整体效能。将数据应用融入信息保障体系，使信息保障体系的系统、网络、数据更加紧密地结合在一起，这样能有效克服过去信息系统和数据建用管分离、相互协作脱节的问题，极大地提高信息系统和数据的综合建设成效。

三是加大数据的实用价值，提高了“以建保用、以用促建”的互动质量。由于数据应用到航天快响发射体系，融入信息保障体系，极大地提高了数据的使用价值。用数据说话，提升了任务筹划的量化水平，提高了发射行动的精准程度，促进了装备效能的发挥，加大了各种保障的精细化水平，牵引了数据采集、管理，培育了数据良好生态。

5.7 支撑工具

5.7.1 协同筹划框架

协同筹划框架构建网络化、分布式的协同筹划支持环境，为异地分布的各级各类指挥节点，提供统一的作业平台，实时共享各类筹划数据和计算成果，辅助各级指挥人员达成对任务、构想、方案和计划的一致理解，实现多级多要素联动。航天快响发射任务规划从框架获取上级意图、发射需求，生成任务分析结论、任务方案要素、任务计划要素等信息，汇总到协同筹划框架，由协同筹划框架在各级指挥所进行数据同步。协同筹划框架与航天快响发射任务规划的业务关系如图 5－39 所示。

5.7.2 行动控制共用框架

行动控制共用框架为分布在各服务器上的专用指控应用提供集成环境，

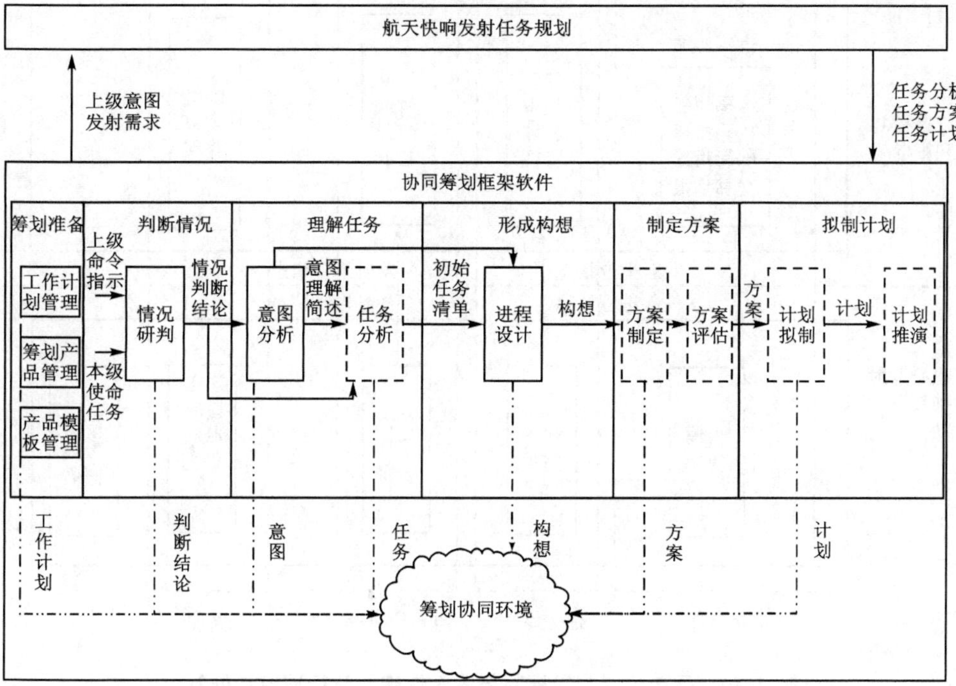

图 5-39 协同筹划框架与航天快响发射任务规划关系

对行动过程中各任务状态以及各类指令进行统一的管理，便于指挥员对整个行动进行总体的掌握。行动控制共用框架与航天快响发射行动控制交互关系如图 5-40 所示，行动控制共用框架能够有效集成航天快响发射行动控制中的信息交互，这主要体现在任务状态监视部分和告警部分。行动控制共用框架中的任务状态监视、临机调整管理软件分别集成航天快响发射行动控制中的状态监视和临机预案部分，构成包含航天快响发射的任务状态和临机预案库。

5.7.3 数字地球框架

数字地球框架是二三维态势分析的主要承载平台，可为指挥信息系统提供态势标绘、态势交互、事件交互和数字地球应用等各类接口，支撑指挥控制态势分析展现。数字地球框架与指挥应用交互关系如图 5-41 所示。指挥信息系统对数字地球框架的交互形态，可分为网页应用、插件应用和独立应用

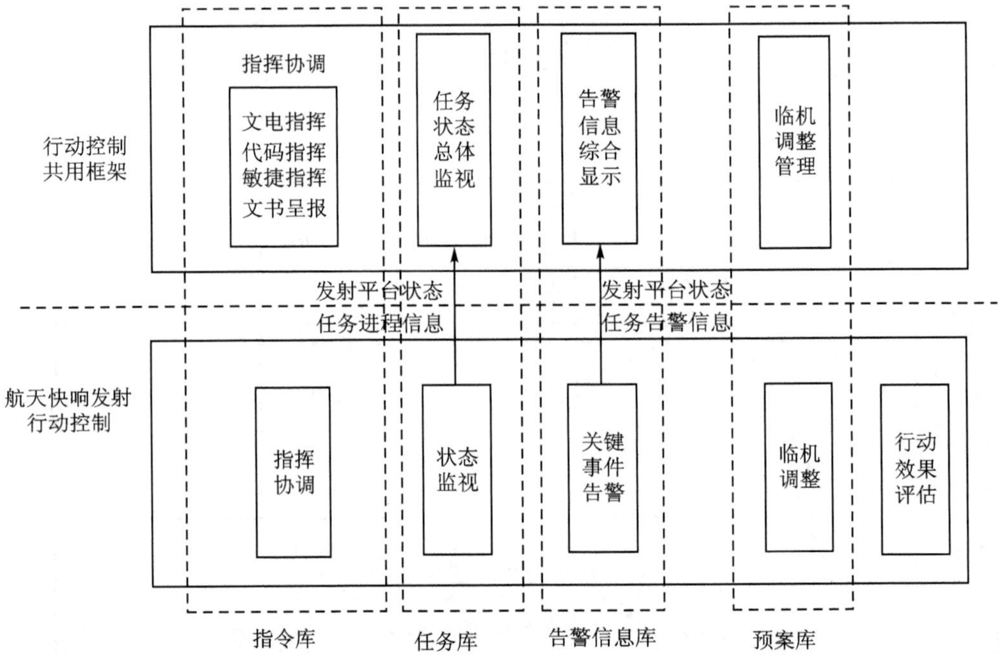

图 5-40　行动控制共用框架与航天快响发射行动控制关系

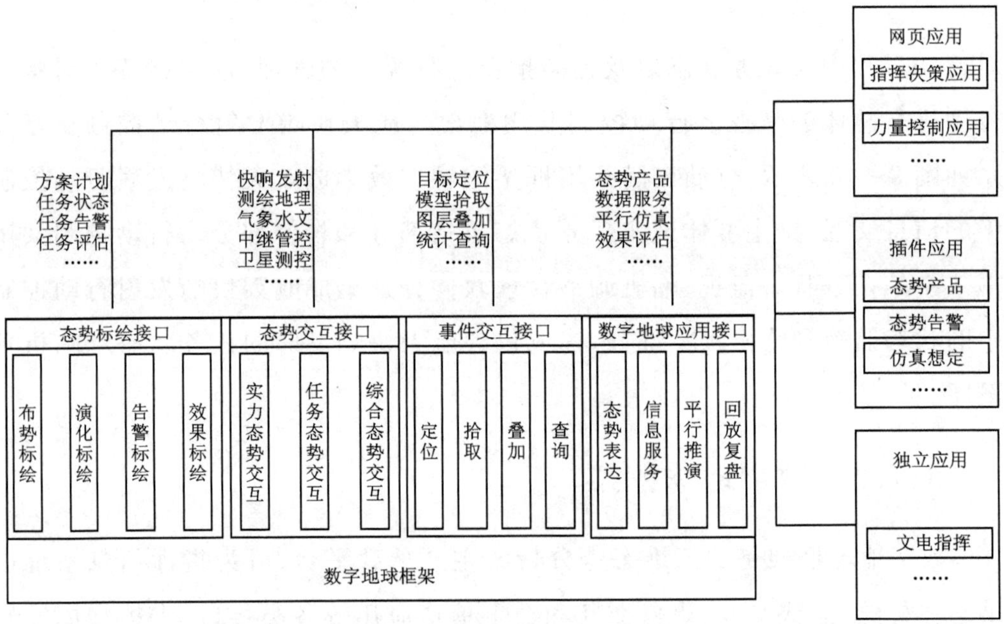

图 5-41　数字地球框架与指挥控制应用交互关系

三种。态势标绘接口包括布势、演化、告警和效果标绘,可实现基于方案计划、任务状态、任务告警、任务评估的态势图上作业;态势交互接口包括实力、任务、综合态势交互,可实现基于快响发射、测绘地理、气象水文、中继管控、卫星测控等信息的态势整编呈现;事件交互接口包括定位、拾取、叠加和查询,可实现目标定位、模型拾取、图层叠加、统计分析等功能;数字地球应用接口包括态势表达、信息服务、平行推演和回放复盘,可实现态势产品制作、地理信息服务、平行仿真推演和任务效果评估等应用支撑。

5.7.4 态势综合处理框架

1. 功能概述

态势综合处理框架对广域分散的测绘地理、气象水文、中继卫星管控、卫星测控等业务系统产品信息和任务状态信息进行分布式管理,实现“一点接入,全网共享”;结合航天快响发射任务,依托态势综合处理框架,形成专题态势、综合态势,实现同步共享和按需精准服务,为航天快响发射各级指挥所、发射平台提供发射态势“一张图”。

一是能够按需获取辅助指挥航天快响发射所需的力量体系、指挥体系、装备体系等基础信息。

二是能够即时按需引接、处理辅助指挥航天快响发射所需的飞行测控、测绘地理、气象水文等支援信息。

三是能够即时按需获取指挥航天快响发射产生的指挥决策、力量控制等任务信息。

四是能够整编生成、分发辅助指挥航天快响发射所需的实力态势,包括部署地域、发射实力、任务状态(任务、训练等)、装备能力等。

五是能够整编生成、分发辅助指挥航天快响发射所需的任务态势,包括任务下达情况、任务执行情况、任务协同情况等。

六是能够整编生成、分发辅助指挥航天快响发射所需的综合态势,包括任务布势、任务状态、任务效果等。

七是具备态势检索、态势关联统计、态势告警规则等功能。

2. 信息流程

态势综合处理框架为联合指挥中心、发射分队和发射平台等各类用户提供相关态势产品服务支持。对发射平台、业务系统等原始状态数据进行数据处理后生成分领域态势信息,并通过将相同领域信息进行融合,形成分领域态势产品;对各分领域态势信息进行态势整编、专题态势生成处理,生成支撑指挥控制的综合态势产品,并按需按权限提供给各级用户。

3. 功能组成

态势综合处理由态势引接、数据处理分析、态势综合处理、态势共享分发、态势综合显示等组成。

(1) 态势引接

提供多源信息引接(接入、解析、管理、存储和分派)功能,按需引接航天快响发射所属力量和相关业务系统的各类态势信息,能够对各类信息源进行分类、配置和管理。

(2) 数据处理分析

提供测量控制数据处理与分析、地理信息更新、气象水文信息处理等功能。

(3) 态势综合处理

对各类多源态势信息进行综合处理,实现信息融合,可自动或通过人工干预生成专题或综合态势产品,实现态势信息的告警、历史态势回放等功能。主要包括多维态势综合、专题态势生成、态势事件告警、态势复盘回放等。

(4) 态势共享分发

根据任务信息需求,向联合指挥中心、发射分队、发射平台按需分发共享态势信息。主要包括态势信息搜索、态势数据服务、态势推送服务和态势订阅管理等。

4. 关键技术

(1) 多源异构数据处理分析与预测技术

海量数据及其多源异构信息的挖掘应用水平,将直接影响态势分析的精准性、时效性、可靠性。多源异构信息在态势分析中可以相互补充、相互印证,从而获得更全面、更准确的态势信息。而这些海量异构信息中往往具有跨特征域、信息粒度差异大等特点,并且大多数据还带有独特的时间和空间属性。这就需要通过对获取的态势信息进行综合印证、融合分析、价值挖掘,提炼出有价值的信息,辅助态势分析研判,提高态势分析的质量效益,进一步发挥多源态势信息的独特优势,提升态势信息的准确性、全面性。在大数据背景下基于深度学习等理论与方法,针对多源异构态势智能分析、征候预测、规律挖掘、意图预测等需求,建成多源异构态势信息分析与预测原型系统,推动态势大数据增值提效。其关键技术包括:面向态势大数据分析挖掘的支撑平台架构;多源异构态势信息的知识发现推演与精准服务;基于大数据的态势分析预测;面向典型任务样式的应用示范。

(2) 多源数据目标智能关联技术

在态势产品生产过程中,首先需要识别目标,其次通过对不同时序、不同手段下的多源数据中的目标进行时间、空间、任务等信息关联,挖掘隐藏在其中的高价值信息。当前,多源数据目标关联主要以人工判读为主。随着数据量呈指数级增长,时效性越来越强,人工进行多源数据目标关联已无法满足日益增长的数据处理需求,蕴含在大数据中关于目标特性和属性状态、变化规律、目标对象的时空运动规律和关联关系没有被有效挖掘和利用,这迫切需要发展智能化目标关联技术。由于成像条件、探测手段、分辨率等不同,同一目标在同样场景下会产生目标特性、空间位置的显著变化,传统关联方法无法解决跨时间、跨平台的目标关联问题,而借助人工智能手段“学习”判读员的目标关联经验,实现多源数据的自动化、智能化目标关联,对提高态势产品生产效率、提高海量数据应用水平具有重要意义。多源数据目标智能关联技术的关键技术包括目标与环境空间位置关系感知方法、多分辨率图像目标关联技术、目标关联概率评估模型等。

(3) 快响运载火箭发射环境建模技术

快响运载火箭在机动、发射及飞行过程中,面临着天气条件(温度、湿度、风速、日照强度)和地形环境(海拔高度、运输路况、机动距离)等自然环境的影响。其关键技术包括虚拟综合环境建模技术、多分辨率建模技术、复合环境建模技术和高逼真度自然环境建模技术等，可构建全程飞行环境仿真模型，逐步形成并完善快响运载火箭发射环境模型体系。

第6章 推自主

采用自主可控的国产化操作系统、数据库、开源软件以及芯片级国产化的硬件设备，支持在国产化平台上研发指挥控制业务的数据服务、模拟仿真、汇集分发、数据处理、二三维显示等应用软件，提供基于"国产芯片＋国产操作系统"平台的基础开发工具、时间统一和双工管理等服务。同时根据具体需求搭建合理的全国产化系统软硬件平台，提供可定制化的国产化指挥信息系统产品，真正实现"业务可知、系统可控、本质可管"的安全目标。

6.1 技术要求

6.1.1 良好的国产软硬件兼容性

基于国产化计算机设备的指挥信息系统，在系统整体性能上相对于非国产化指挥信息系统必然存在一定差距。考虑到国产化整机性能的现状，可依托自主可控生态厂商资源优势，进行国产芯片平台(飞腾、龙芯等)和国产操作系统的兼容性适配，开发工具及运行环境(GCC、Qt5等)的版本升级工作，基础支撑产品(国产数据库、主机管控系统、防病毒软件等)的安装适配和性能优化，从而为指挥控制业务应用软件的研发、运行提供可靠、稳定的基础平台服务。指挥信息系统应用软件研发过程采用基于质量控制策略的实时数据订阅分发系统，基于模板化、分布式的开放实时数据处理架构，二三维态势多域可视化等多项关键技术，在一定程度上克服了国产化设备的性能劣势，保证指挥信息系统满足基本的性能需求。

6.1.2 冗余可靠的双工管理，增强系统可用性

提供双工管理服务，可针对业务应用进行双机热备管理，从而提升系统业

务的可靠性。

6.1.3 高效可靠的网络交换能力

基于国产交换芯片和处理器的网络交换平台具备千兆、万兆网络 UDP、TCP 交换能力，支持 BFD、OSPF、IGMPV3 管理，可通过设备系统优化升级，提升主备 VRRP 切换时延在 1 s 以内，在部分指标方面优于思科、华为等商用网络设备平台。

6.1.4 支持多种类型设备数据的仿真

可仿真生成光测经纬仪、典型雷达、遥测设备、北斗/GPS 设备等原始数据，提供指挥信息系统的模拟数据驱动源。

6.1.5 高效的实时处理能力

针对国产芯片低频多核的结构特点，对实时数据处理业务进行多核多线程优化、实时处理算法改进等适配优化工作，能够将实时数据处理时延降低 60%，具备同 X86 平台相同的数据处理能力。

6.1.6 流畅的三维仿真显示

提供基于国产化平台的各类装备、设备的三维仿真模型，通过优化粒子渲染能力，实现高帧率、高逼真度的实时数据三维可视化显示效果。

6.1.7 提供国产整机性能分析比对辅助工具

基于国产芯片平台的集成测试工具与管理平台具有不同 Linux 发行版的源包管理、环境适配方案查询等功能，这对国产芯片平台的软硬件兼容性适配工作具有参考性的指导意义。支持“FT1500a＋YHKylin4.0”和“Loongson3B＋NeoKylin6/7”等国产环境的运行测试，涵盖处理器的整型、浮点型运算性能，多核多线程运算性能，并发性能，内存 I/O 性能，磁盘读写性能，网络交换性能的测试，提供常用测试用例，包括 SPEC、Ubench、高阶线性方程组解算、Memtest、Hdparm、Netperf 等，可用于分析国产化软硬件平台的可替代能力。

6.1.8 跨平台的系统应用软件

指挥信息系统应用软件采用原生 C++和 Qt 平台开发，在飞腾、龙芯等不同体系的国产芯片平台上可源码直接移植，也兼容 x86 平台的不同 Linux 发行版本，具有“一次编码、多次编译”的跨平台适应能力。

6.1.9 可靠性要求

针对信息传输过程中的关键节点(汇集分发、实时数据处理)，可采用双机热备的策略，以提高指挥信息系统的可靠性和鲁棒性。与传统的热备技术不同，环境自适应心跳监测双机热备技术采用单心跳模块双通信链路的实现机制，可维护信息的一致性，实现基于 LSM 与负载均衡技术的心跳检测功能，该技术同时具备环境平台自适应的特点，可提升系统的可靠性。

6.1.10 灵活性要求

考虑到系统建设的可扩展性，可引入基于质量控制策略的实时数据订阅分发技术，形成通信体系架构，满足大规模分布式指挥信息系统高吞吐量和实时性的需求。该通信架构通过简单的配置，可在短时间内快速完成系统的扩展，与国内传统的技术相比，极大地缩短了系统兼容与扩展的时间。在实时数据处理软件中，同时提出基于模板化、分布式的开放实时数据处理架构。该架构可通过离线模板定制的方式，灵活快速地组装生成数据处理链路，并通过分布式的策略提高实时处理的效率，从而实现实时数据处理链路的灵活扩展。

6.2 技术方案

6.2.1 国产化适配优化

1. 计算资源适配优化

飞腾＋麒麟体系是目前市面上性能最好的国产自主可控体系，但在实际应用过程中还需要结合具体应用进行系统优化才能完全发挥出国产CPU低频多核的性能。具体优化过程主要从提高CPU响应能力、让CPU在性能最高的状态运行、提高CPU的使用率方面进行。

2. 网络资源适配优化

通过对国产交换机、操作系统优化策略的使用，可以有效提升系统网络丢包率，从数据包丢包率 10^{-6} 提升至小于 10^{-8}，达到国际主流网络传输设备的指标。

3. 应用软件适配优化

软件研制过程中，对于那些需要占用较大系统资源的操作，在执行前，要统计其相关的数据值是否发生了变化，如果值没有发生变化，则不执行相应的操作。与占用资源较大的操作（如图片加载、显示，三维动画显示，复杂计算等）相比，判断值是否发生改变占用的资源很小，因此，采用实时监测数据值是否发生变化的方式，平均可减少30％的计算资源占用率。

4. 多性能测试软件

为一些Linux平台上常用的开源性能测试工具（如测试CPU处理性能的SPEC CPU工具，测试磁盘读写性能的dd工具，测试网络吞吐性能的Iperf工具等）经过适配优化后能够稳定地迁移到全国产化平台上，提供了一个基于国产芯片平台上的多性能测试软件。

多性能测试软件是基于国产芯片（龙芯、飞腾）和国产麒麟操作系统（内核版本2.6及3.10）的平台环境开发的，其采用GTK＋GNOME库、GUI工具箱以及 Qt 集成开发工具，具备处理器的整型及浮点型运算、多核多线程及并发处理、磁盘读写、网络吞吐容量等功能模块。

处理器整型及浮点型运算功能主要是基于 SPEC CPU 基准测试实现的。

多核多线程及并发处理功能主要是计算不同情形下完成高阶（200，300，400，500，600 阶次）线性方程组解算的时间，其中线性方程组的解算采用了"Gauss－Jordan 完全消去法"。

磁盘读写功能主要是借助在 Linux 环境下创建一定大小文件的 1 个指令 dd 实现的。

网络吞吐容量主要是基于网络性能测试工具 Iperf 实现 TCP、UDP 和组播带宽质量的测试，包括最大 TCP 带宽、UDP 带宽、数据包丢失率等指标。

软件的具体流程如图 6－1 所示。

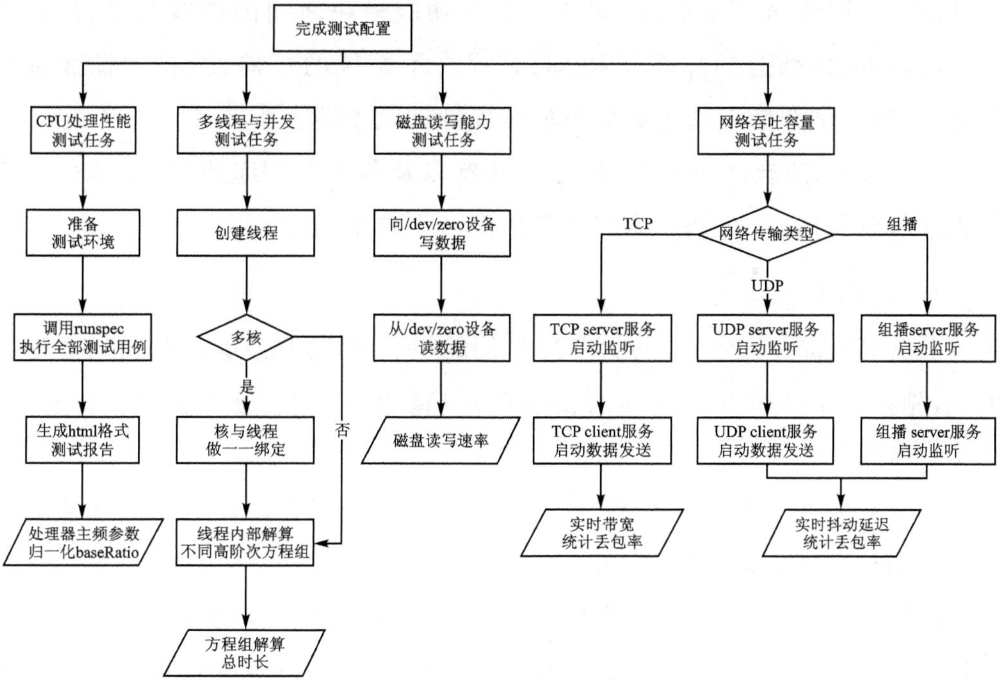

图 6－1　全国产化整机软硬件配置及性能分析测试流程

6.2.2 基于插件的一体化软件架构技术

将各个业务系统的数据全部汇集至同一软件进行接收显示，则该软件具有需要接收、处理的数据量大，数据协议多样，页面数量、种类众多且页面显示可灵活配置等特点。采用更加合理的架构是实现软件功能，降低维护成本，加速研发进度的有效手段。

采用基于插件的架构，按照软件系统的功能将软件拆分为数据接收解析插件、显示插件和数据库访问插件，各个插件之间的功能相对独立，在定义好通信接口的前提下，开发过程互不干扰、依赖。主框架负责集成各个插件的功能，实现插件之间的通信调度，插件与主框架之间的通信。主框架并不涉及各个核心处理、显示业务，只负责各个业务之间的通信调度，这大大分解了软件的研发强度与开发难度，解开了各个功能模块之间的耦合关系，形成了一套高内聚、低耦合的体系架构，同时提高了系统的扩展性、易用性和维护性，以及基于融合信息的态势分析的全面性和完整性。

综上所述，该软件由主框架、界面容器以及各个插件组成，其中插件包括数据接收解析插件、数据库访问插件以及各个显示插件。

1. 主框架

主框架负责按照用户的角色权限，加载相应的用户界面菜单；进行界面容器、数据接收组件等基础组件的初始化；实施用户管理、版本管理、自适应优化配置等基础管理。

主框架是整个软件的骨架，负责实现软件的主流程以及对各个功能插件和显示插件的通信调度功能。

软件启动时，加载并初始化各个基础功能插件，包括数据接收解析插件、数据库访问插件，使软件在启动后即具备实时监听网络数据帧以及访问数据库的能力。

在获得用户权限后，数据库访问插件向主框架告知当前用户能够访问的页面列表，主框架按照该插件提供的页面列表，生成相应的菜单项列表，并从页面配置文件库中加载相应的显示页面，每一个页面对应一个界面容器，且对应唯一的菜单项。界面容器按照配置文件提供的策略，将各个显示插件放置于容器相应的位置处。主框架只负责对各个插件执行初始化操作，以及通过提前制定好的通信接口实现各个插件之间的通信调度功能。此外，主框架还具有画面订制、即时通信等辅助功能。软件的其余功能都交由相应的功能插件和显示插件库具体执行。

2. 界面容器

界面容器负责根据各应用界面的业务逻辑，按照界面组件组成配置文件，生成应用服务界面，并根据各组件的数据配置将数据实时分发给各组件。

界面容器用于盛放各个显示插件，每个对应一个显示页面，该显示页面由一个或多个显示插件组成，界面容器的职责便是将这些显示插件以指定的大小放置于指定的位置处，实现显示插件的布局管理。

3. 数据接收解析插件

数据接收解析插件处于整个软件的上游，负责监听、接收、解析网络中的数据帧。该插件的主要功能是将各式各样协议的网络数据帧转换为统一格式的主题数据并进行分发。

功能的实现分为三步执行：

第一步：将制作主题数据所需的字段值按照配置好的协议解析方法从某一组播地址上收到的数据帧中解析出来。

第二步：按照主题配置信息，将收到的数据制作成相应的主题数据，从某一组播地址收到的数据帧可以被制作成多种主题数据，每一种主题数据都有不同的主题制作策略，这为的是将庞大的数据按照主题划分为更细粒度的数据，供页面消费时订阅使用，各个显示页面只需要订阅本页面显示需要的数据即可，大大提高了显示效率。

第三步：将制作好的主题数据按需分发至各个显示页面，驱动各个显示页面的更新显示。

功能实现的核心为前两步，解析数据帧的核心在于自适应多样的数据协议，只要配置好该组播地址的数据协议，就能将数据帧进行解析，这就有了制作主题数据的原料。制作主题数据的核心在于主题的制作策略，该策略的实质就是将数据帧按照提供的策略进行过滤，只有在策略范围内的数据才会被制作成相应的主题数据。从某一组播地址上收到的数据帧可以被制作成一个至多个主题数据，每个主题数据都是对该组播地址上的数据的过滤。

4. 数据库访问插件

将与数据库通信的功能抽象为数据库访问插件，该插件专门负责数据库的连接访问、数据库相关访问语句的执行等功能。

5. 显示插件库

显示插件库根据系统的内容显示需要，提供公共的内容显示控件，负责相应数据的可视化显示。显示插件的数据来源于数据接收解析插件提供的统一格式的数据，因此不必考虑如何解析、处理复杂数据帧，只需专门负责显示效果的渲染、性能优化等，从而解决由于显示页面数量、种类多造成的开发不便以及资源占用较多等问题。

显示插件库位于整个软件的下游，负责数据的显示工作。显示插件不需要关心数据来源于哪里(数据接收解析插件提供)，以及插件本身会被放置在哪里(界面容器负责)，甚至不需要关心什么时候被加载使用(主框架负责)，其核心功能就是做好主题数据的可视化显示。根据数据的显示需求，显示插件包括曲线、表格、决策树图、设备监控等。

基于插件的一体化软件架构技术，无论是基础的功能插件还是各个显示插件库，都需要由主框架进行初始化及调用，这就需要插件向主框架提供统一的对外接口。主框架只需要且只能够调用插件提供的对外接口使用插件，其余的工作全部交由插件负责。该架构为插件设计了两个对外接口，分别是加载配置和创建对象。其中加载配置接口的输入参数为 XML 文件的节点项，其意义在于插件的基本信息是从 XML 配置文件中获取的，这也就意味着各个插件的具体功能实现是灵活可配置的；创建对象接口的功能是实例化一个插件对象，并将其返回，供主框架使用。有了这两个接口，主框架便可以加载指定配置文件的信息来实例化插件，并实现其功能。

采用基于插件的一体化软件架构，解开了软件功能模块之间的耦合关系，减少了研发过程中不必要的重复工作，而且使得研发人员在开发各自功能模块的过程中互不影响。接口的精简化使得主框架与各插件的集成工作变得非常简单,各个插件具体功能的可配置化也大大降低了软件的维护成本。

6.2.3 基于用户角色的服务权限管理技术

系统包含各个专业的大量页面,用户角色繁多,因此需要针对不同指挥决策岗位的业务需求,实现基于角色的访问控制(RBAC)管理,为角色赋予不同的权限,并配置用户所属的一个或多个角色,从而在RBAC模型中引入角色的概念。

6.2.4 可视化决策树辅助决策技术

系统涉及的关键设备、参数繁多,在任务执行时,需要各个领域的专家实时观察各系统的数据,凭借专业基础和经验来判断系统是否发生了异常、故障。由于航天快响发射任务时间紧、系统参数繁多,仅凭专家的分析观察很难做到不发生漏判、错判、迟判等,但是系统问题转瞬即逝,如果不能做到及时准确地发现问题、解决问题,对整个任务造成的后果将不堪设想。

基于可视化决策树辅助决策技术,可提前将数据解算公式、决策规则录入系统,这样在开启辅助决策软件后,便可按照录入的公式、规则实时监测各个决策树节点的状态。因此,专家在任务执行前便可将判决规则都准备好,在任务执行期间自动执行辅助决策推算过程。通过应用可视化决策树辅助决策技术,指挥人员可实时准确地获取系统的当前状态。

系统故障的排查、监测有以下两种模型:决策树模型和故障树模型。两种模型从形式上来看都是树型结构,主要区别在于其遍历计算的方向及模型运行的阶段不同。

决策树模型的数据来源于树最底部的叶子节点,叶子节点收到数据后,经过一系列的推算,将推算结果逐层“向上”传导至决策树的根节点。故障树模型的数据来源于根节点,只有当系统发生故障时,才由根节点“向下”逐层分析,排查是哪些节点发生了故障,再由专业人员去维修、恢复故障节点。两者都会通过指定的规则分析出故障节点,但决策树模型在任务执行期间始终保持运行，一旦某一节点发生故障，会迅速更新整个系统的状态，使指挥人员在第一时间获取系统状态，如果发生了故障，也能在第一时间获取故障节点。而故障树模型在系统处于正常期间并不运行，只有当系统已经发生故障后，才由操作人员开启故障树诊断过程，分析故障节点。由此可以看出，决策树模型能够做到实时监测系统状态，且能够准确定位至异常节点；故障树模型是一种事后分析机制，只适用于故障发生之后的故障排查。为了保证系统的绝对安全，可采用基于决策树模型的辅助决策机制。

6.2.5 自适应环境计算优化技术

基于国产核心芯片平台的计算机性能较低，需要根据计算环境负载的动态变化，检测可用的计算资源，自适应调整系统的工作模式配置，以实现计算任务的 QoS 保证。影响系统负载动态变化的主要因素包括：

一是网络组播数据的动态变化，不同任务的不同阶段，其数据的类型、数量动态变化。

二是显示数据的变化引起负载变化，当一个页面的显示数据较多时，由于频繁刷新页面显示导致 CPU 利用率较高，不同指挥终端的显示界面显示内容不同，显示负载也动态变化。

三是指令、指令数据需要较高的 QoS 保证，不能因为网络负载大而出现较大延迟或丢包。

针对上述引起负载动态变化的特点，设计实现以下两种自适应环境调整计算模式：数据接收解析计算，数据显示更新频率。

1. 数据接收解析计算自适应调节

数据接收解析计算自适应调节的原理是：当网络负载较大，可用网络带宽较小时，调整减小周期性数据的转发频率；当网络负载较小，可用网络带宽较大时，调整提高周期性数据的转发频率。

2. 数据显示更新自适应调节

数据显示更新自适应调节的原理是：当系统负载较大，CPU 利用率较大时，自适应调整减小显示刷新频率，满足基本的显示计算需求；当系统负载较小，CPU 利用率较小时，自适应调整提高显示刷新频率，以及提高显示的流畅性。

自适应调整任务计算配置如图 6-2 所示。

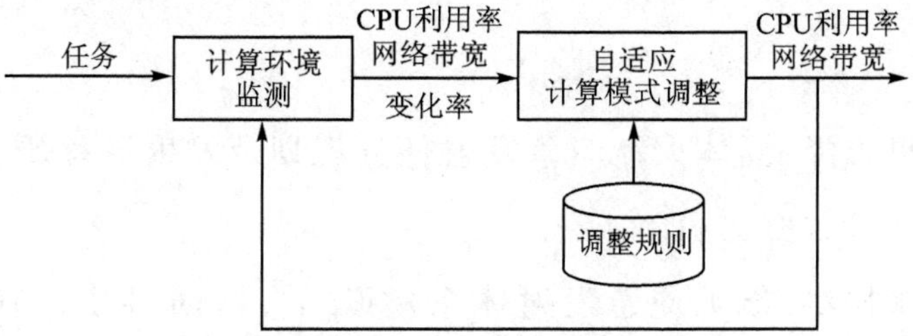

图 6-2　自适应调整任务计算配置

参考文献

[1] 张道昶,樊忠泽.固体火箭应急发射任务规划及发射流程研究[J].现代防御技术,2018,46(6):122-128.

[2] 刘兴威,张桂洪.航天应急发射体系建设[J].国防科技,2016,37(1):14-18,24.

[3] 杨永锋,李明泽,钱军,等.航天快速发射内涵分析[J].导弹与航天运载技术,2016,349(5):44-47.

[4] Matthew G. (2009) Implementation Challenges for Responsive Space Architecture. In: 7th Responsive Space Conference. Los Angeles.

[5] Ed A,Jeffrey R. (2011) Rapid launch: the third pillar of responsive space. In: AIAA SPACE 2011 Conference & Exposition. California.

[6] 蔡远文,辛朝军,程龙,等.航天快速发射现状与发展[J].装备学院学报,2015,26(1):1-5.

[7] 陈建华,曹晨,杨永强,等."长征五号"火箭液氧煤油发动机总体技术[J].深空探测学报(中英文),2021,8(4):354-361.

[8] 田维平,王立武,王伟.固体火箭发动机技术发展和面临的关键技术问题[J].固体火箭技术,2021,44(1):4-8.

[9] 翟高伟,梁晨光,赵锦瑾,等.基于天链卫星的箭载 Ka 频段中继用户终端设计与实现[J].宇航总体技术,2020,4(4):7-14.

[10] 肖奇飞,司佳希,宋文宾.卫星通信在数据链系统中的应用研究及启示[J].舰船科学技术,2020,42(4):164-167.

[11] SANDRA J F. Global broadcast service reach back via satellite tactical digital link J(S-TADIL J). Monterey,California: Naval Postgraduate School,1999:31-36.

[12] DAVIS B W,GRANAM C,STAMM D,et al. Tactical digital information link(TADIL) J range extension (JRE). MILCOM 97 Processing. [S. I.]:IEEE,1997.

[13] 王圣东.时敏目标协同打击链的构建[J].指挥控制与仿真,2013,35(5):43-46.

[14] 陈冬.天基信息网络数据链应用技术[J].火力与指挥控制,2018,43(3):0381-0385.

[15] 周翔,王兆伟,李晓波,等.数据链中消息标准的标准化研究[J].中国电子科学研究院学报,2017,12(2):149-154.

[16] 陈赤联,王瑜,姜希. 数据链 2.0:探索网信体系下的数据增值与应用[J].中国电子科学研究院学报,2021,16(4):309-315,322.

[17] 李鸿旭,孙沁,周丽萍,等.韧性网络信息体系的技术框架分析[J].中国电子科学研究院学报,2021,16(8):756-764.

[18] 余福荣,张艳,蒋雪,等.武器协同数据链发展趋势及关键技术[J].火力与指挥控制,2021,46(3):179-185.

[19] 马丽丽,孙志成,安巧静,等.数据链系统综合抗干扰性能评估方法研究[J].电子技术应用,2021,47(5):73-76,81.

[20] 田万勇,赵露露,杜利刚,等.基于建模与仿真的 Link-16 协议一致性测试[J].现代导航,2021,12(4):284-288.

[21] 万俊伟,汪琦,赵辉,等.自主可控技术在试验任务领域的应用研究[J].飞行器测控学报,2015,(2):109-114.

[22] 唐立文,蒋伟,邓友义.基于软构件的自主可控航天试验指挥信息综合显示系统[J].装备学院学报,2013,(6):106-110.

[23] 崔卫华,肇刚.航天测控中心系统自主可控建设的研究与思考[J].飞行器测控学报,2015,(4):303-308.